El Club de las Zapatillas Rojas

M

El papel utilizado para la impresión de este libro ha sido fabricado a partir de madera procedente de bosques y plantaciones gestionadas con los más altos estándares ambientales, garantizando una explotación de los recursos sostenible con el medio ambiente y beneficiosa para las personas.

Por este motivo, Greenpeace acredita que este libro cumple los requisitos ambientales y sociales necesarios para ser considerado un libro «amigo de los bosques». El proyecto «Libros amigos de los bosques» promueve la conservación y el uso sostenible de los bosques, en especial de los Bosques Primarios, los últimos bosques vírgenes del planeta.

Segunda edición: octubre de 2014

Printed in Spain – Impreso en España

ISBN: 978-84-9043-267-9
Depósito legal: B-16.710-2014

Compuesto en Compaginem Llibres, S. L.

Impreso en Novagrafic
Moncada i Reixac (Barcelona)

GT 3 2 6 7 9

ANA PUNSET

El Club de las Zapatillas Rojas

Todo por un sueño

Ilustraciones de **Paula González**

Montena

AGOSTO

1

¿Agosto? ¿Qué agosto?

Se recogió la larga melena pelirroja en una coleta alta porque se estaba muriendo de calor. No habían pasado ni cuatro días desde que había regresado del campamento y Lucía ya estaba más que aburrida de estar encerrada en casa. ¡Qué fastidio de agosto! Era viernes, pero tenía la sensación de que todos los días eran domingo. Quedaba menos de un mes para que empezara el colegio y hasta tenía ganas de que llegara... ***¡RARÍSIMO!***

Para sorpresa de su madre, había ordenado la habitación mil quinientas veces: se había deshecho de la ropa que ya no le valía y la había dejado preparada en tres o cuatro bolsas gigantes para que alguien la ayudara a llevarlas al contenedor de ropa usada y... ¡se había leído enterito el programa para el curso que empezaría en septiembre: 2.º de ESO, nada más y nada menos! Como siguiera así, incluso empezaría a hojear el libro de sociales, o a practicar las fórmulas de matemáticas. Desde luego estaba irreconocible. Pero ¿qué podía hacer si no? Se había peleado con las chicas y ella no iba a ser la primera en dar su brazo a torcer. ¡Tenía la sensación de que siempre se mojaba ella! ¿Quién le iba a decir que el campamento de verano que tanto esfuerzo les había costado conseguir iba a acabar por separarlas? De haberlo sabido, no se habría molestado en preparar el Rastrillo de los Sueños, ni en pasear a los perros de la señora Bosco, ni nada de nada. Total, hubiera sido mejor que cada una pasara esos quince días de agosto en su casa, quizá así no hubieran reñido y en ese momento estaría con las chicas tomando el sol en la playa o dejándose refrescar por el aire acondicionado de alguna de las tiendas del centro comercial. Así Frida no habría conocido a ese grupo de chicos y chicas por los que había decidido abandonarlas... Aquello significó el principio de toda la tormenta que vino después. Con lo bien que había empezado el campamento...

Agosto 1

Marta, Frida, Bea y Lucía, las cuatro amigas de siempre, llegaron a Cádiz el 1 de agosto con sus zapatillas rojas puestas, más que felices de pasar ese tiempo solas. Bueno, no solas solas, claro, iban a estar rodeadas de chicos y chicas de su edad, y las posibilidades de vivir aventuras crecían por momentos. Lucía recordaba la primera noche en la playa gaditana y se le ponía la piel de gallina. Habían estado charlando en unas hamacas junto al fuego hasta que los monitores las habían obligado a meterse en sus habitaciones, y había sido como antes: juntas, cara a cara, hablaron absolutamente de todo, sin ordenadores ni móviles de por medio, sin prisas... ¡El Club de las Zapatillas Rojas al poder!

Pero en cuanto al día siguiente comenzaron las actividades deportivas, las cosas cambiaron. El primer partido de vóley playa que Frida jugó y ganó con su nuevo equipo la catapultó directamente a la fama de los deportistas. Entonces aparecieron en escena Martina, Sandra, Alicia, Hugo y, por supuesto, Nico. Ellas eran como lo más de lo más, auténticas atletas, guapas, divertidas... Y ellos eran esculturales, con músculos de verdad, e incluso parecían mayores, si no lo eran. Lucía se dio cuenta de todo eso nada más acercarse a ellas tras el partido, cuando felicitaban a Frida por el gran trabajo que acababa de hacer.

—¿Eres profesional? —preguntó Nico a Frida sin decir hola siquiera.

—Algo así... —respondió haciéndose la misteriosa. Aunque Frida era alta, Nico le sacaba casi dos cabezas.

—Has jugado muy bien. Enhorabuena —dijo alargando la mano para coger la de Frida y darle un buen apretón.

Lucía percibió perfectamente como las mejillas de Frida se encendían con el contacto. No es que eso fuera raro (¡qué va!), porque Nico era un chico impresionante: el pelo castaño, cortado en capas y despeinado, enmarcaba unos extraordinarios ojos de color miel que destacaban más por el bronceado. Además, con la camiseta arrugada en el hombro, iba solo con el bañador, dejando al aire unos abdominales con forma de tableta de chocolate y unos brazos que nada tenían que envidiar a los de Popeye. Pero a Lucía el chico le dio mala espina desde el principio, y no se equivocaba...

—¿Quieres venir a celebrar la victoria a nuestra cabaña?

Frida miró a sus amigas, preguntándoles mentalmente si les apetecía y, también, rogando por que dijeran que sí. Era lo que tenía conocerse desde hacía mil años... ¡que incluso podían comunicarse por telepatía! Pero Lucía había quedado para hablar con Eric por la noche y, además, viendo la cara que ponía Bea supo que a su amiga no le apetecía nada pasar el rato con ese grupete de chulillos.

—Pero habíamos quedado para repetir la noche de ayer. —Lucía le hizo ojitos a Frida para que entendiera la situación.

—Eso podemos hacerlo cada día, ¿no? —insistió ella arqueando las cejas.

Lucía se había olvidado de un pequeño detalle: Marcos, el amor de Frida, se había marchado a Inglaterra todo el mes. Como Frida sabía que allí no iba a pasarse el día estudiando precisamente, se había propuesto olvidarlo como fuera. Los amigos de Nico parecían divertidos y era una buena forma de conseguirlo... Sin embargo, el inconveniente era que Lucía no se fiaba de ellos.

—Pues no lo sé, porque han dicho que mañana tendremos que hacer un concurso de no sé qué por la noche. —Lucía miró a Marta y a Bea, que la apoyaron con grandes asentimientos de cabeza.

—Ven tú y otro día ya vendrán ellas —se entrometió Sandra, agarrando del brazo a Frida. Llevaba la melena rubia recogida en un moño alto y despeinado, y tenía una nariz respingona que a Lucía enseguida le dio rabia.

—¡Vale! En cuanto termine la celebración vuelvo con vosotras.

Frida se dio media vuelta, despreocupada, y se alejó de ellas sin mirar atrás. Aquel día empezó el desastre y, quince días después, todavía no había terminado. Lucía dudaba que algún día se fuera a arreglar...

Unos golpes en la puerta del cuarto la distrajeron de sus re-

cuerdos y del libro de matemáticas que tenía abierto sobre las rodillas para nada, porque de poco se iba a enterar ella de una asignatura que, más que atravesada, la tenía del revés. Reclinada en la silla junto al escritorio, preguntó quién llamaba a pesar de que lo sabía de sobra. Por desgracia, no esperaba a nadie. Su vida social se había desvanecido de un plumazo:

—¿Sí? ¿Quién es?

—¿Se puede? —preguntó María.

Su madre había aprendido a llamar a la puerta después de todo. El comportamiento de Lucía en los últimos días le estaba haciendo ganar varios puntos del tirón. La hizo pasar, pero tardó un rato en darse cuenta de que los ojos de su madre se abrían de manera desmesurada.

—¿Estás, estás... es-es-es... estudiando matemáticas? —tartamudeó.

—Bueno, solo estaba hojeando un poco el libro. Ya sabes, para que no me pille desprevenida...

Lucía guiñó un ojo para quitarle importancia y dejó el libro en la mesa. Su madre respiró hondo, expulsando el aire lentamente, y se sentó en la cama. Parecía que, a pesar de su conducta impecable desde que había regresado, iba a recibir una charla.

—¿No has vuelto a hablar con las chicas? —preguntó María. Si algo caracterizaba a su madre era que no perdía el tiempo andándose por las ramas.

—No, he estado ocupada... —Abarcó con el brazo la habitación con las bolsas de ropa preparadas para el contenedor.

—Ya. ¿Y no piensas hablar con ellas pronto?

—No lo sé.

María la miró entrecerrando sus grandes ojos, como si leyera el interior de su hija, y Lucía apartó la vista para que no lo consiguiera.

—¿Ocurrió algo en el campamento?

No, no quería contarle a su madre lo que había pasado. Quizá porque así todo se haría más real de lo que ya era. Aunque a su madre tampoco la pillaría por sorpresa, después de que el día 15, cuando volvieron de Cádiz, salieran por la puerta de llegadas del aeropuerto cada una por su lado.

—Tuvimos algunas diferencias —confesó al final, abducida por la mirada absorbente de María.

—Entonces arregladlas —le aconsejó, muy sabia ella.

—Como si fuera tan fácil.

—Solo hay que hacerlo, Lucía. Ya habéis discutido otras veces y siempre te parece el final.

Lucía ya sabía todo eso. Pero esa vez no habían tenido una discusión y ya está, era más bien que cada una se había ido marchando por su lado y a todas parecía darles completamente igual. Si para las demás su amistad no era importante, ¿por qué iba a serlo para ella?

—Además... —dejó escapar su madre para recuperar la atención de Lucía, que se había vuelto hacia la mesa, dando por terminada la conversación.

—Además ¿qué?

—¿Te acuerdas del casting que hicisteis las cuatro antes de iros de campamento?

Claro que se acordaba. Había sido un día estupendo: su madre les había pedido que se presentaran a un casting para un anuncio de la marca americana Collister, que a Lucía y a las demás les pirraba desde que la habían descubierto el año anterior. Sobre todo vendían vaqueros y ropa deportiva al estilo californiano, con camisas de cuadros y sudaderas chulísimas. El problema era que sus precios no eran lo que se dice demasiado accesibles. Lo mejor de hacer ese casting era que si lo ganaban y salían en el anuncio... ¡les regalarían la ropa que llevaran puesta!

Así que cuando su madre les propuso que se presentaran, aunque ellas no eran un grupo de chicas de esas que se mueren por lo *fashion*, aceptaron encantadas: debían aparecer siendo ellas mismas, tan amigas como siempre, en unas imágenes que se rodarían en la playa. Lo importante era el equipo unido. Hicieron el casting a finales de julio y, como era de esperar, se lo pasaron bomba. Era un día caluroso y estaban felices porque en nada se marcharían a ese campamento tan fabuloso. Se pusieron a perseguirse entre ellas en la orilla, a jugar con el mar y la arena, olvidándose de las cámaras (porque sí, los castings también se graban): incluso tuvieron que avisarlas de que la prueba había terminado. La tercera vez que sonó la palabra **«corten»**, las chicas volvieron a la realidad con las melenas revueltas y las mejillas encendidas de las carreras y el sol. Era imposible que ganaran, aquello no había sido demasiado serio...

—Lucía, ¿me escuchas? —María la miraba exasperada esperando que regresara al presente.

—Sí, perdona. ¿Qué decías del casting?

—Pues eso, que lo habéis ganado. Tenéis que rodar el anuncio el próximo 6 de septiembre.

Mientras su madre despotricaba sobre cómo se había retrasado el resultado porque el mes de agosto era como si no existiera en el calendario, Lucía se quedó paralizada. ¿Había oído bien?

—¿Me oyes? Esta niña... Ya vuelves a pasar de mí... Lucía, mueve la cabeza si estás ahí.

Lucía fue capaz de decir que sí con la cabeza una vez y después volvió a quedarse muy quieta. Su madre debió de comprender el estado de shock en el que se encontraba porque no la presionó: esperó pacientemente a que su hija se recuperara. Se colocó detrás de las orejas el pelo pelirrojo que Lucía había heredado y cruzó las manos a la altura de las rodillas.

—¿Cómo puede ser que hayamos ganado? Si solo estuvimos haciendo el tonto... —consiguió pronunciar Lucía cuando encontró algo de voz.

—Porque era eso lo que ellos buscaban: ver a un grupo de amigas pasárselo en grande, sin artificios ni guiones. Y vosotras sois eso.

—**Éramos** —la corrigió.

María arrugó la boca y se puso firme otra vez.

—Pues sí que te rindes fácil. Te tenía por una luchadora.

Con esa frase lapidaria, su madre salió de la habitación y cerró la puerta a su espalda. Desde luego, sabía qué hacer para dar énfasis a su mensaje. Esas últimas palabras estuvieron resonando en la cabeza de Lucía el resto del día. Y también de la noche.

2

Desde Roma con amor

Al mirar el reloj de la mesilla de noche, Lucía por poco dio un salto de la cama: era ya más de medianoche y ahí seguía ella dando vueltas. La sábana se le había enredado en las piernas y ya no sabía ni dónde colocarla. Resopló con fuerza al tiempo que daba una patada a un cojín que tenía en los pies y lo tiraba al suelo. A ver si así... Aunque tenía la ventana abierta de par en par y la persiana subida hasta arriba, no entraba ni una pizca de aire. Ese agosto estaba siendo demasiado caluroso. Ni siquiera por la noche se respiraba un poco mejor. ¡Qué agobio!

Encima, la cabeza de Lucía no paraba de maquinar: la historia del anuncio, lo que le había dicho su madre sobre ser una luchadora... Nunca se había imaginado que María tuviera esa imagen de ella (más bien lo contrario), y le dolía, porque la verdad era que no quería decepcionarla. Sí, le gustaba que la viera de esa manera.

Un pitido del móvil la sobresaltó. Se volvió hacia la mesilla para averiguar quién le escribía a esas horas. Ahí estaba el simbolito del WhatsApp; al pulsarlo apareció el nombre de Eric. Entonces sí que se incorporó de golpe con el corazón latiéndole a ocho mil pulsaciones por segundo. ¿Qué hacía Eric despierto a esas horas? Sabía que hasta que no llegaba al hotel no podían hablar por WhatsApp porque era el único momento del día en que podía conectarse a un wifi, pero nunca escribía tan tarde. Debía de estar pasándoselo de miedo mientras ella se peleaba con el calor, las sábanas y todas sus preocupaciones. Rápidamente abrió el mensaje:

ERIC:
Buenas noxes, prciosa

LUCÍA:
Dspierto a stas oras?

ERIC:
Akbms d llgar al otel

Lucía notó perfectamente como se le retorcía el estómago. Pues sí que volvía tarde Eric de hacer turismo por Roma... Si se hubiera ido de vacaciones solo con su familia seguramente no le habría importado, pero es que su novio se había llevado de vacaciones a una bonita chica de melena negra hasta la cintura y misteriosos ojos grises. A ver, tampoco era eso exactamente, pero Lucía no podía evitar mirarlo desde esa perspectiva y morirse de celos mientras se los imaginaba todo el día juntos visitando el Panteón o la Fontana de Trevi.

La versión oficial era que Eric y su familia se habían ido tres semanas de vacaciones a hacer una ruta por Italia con otra familia amiga. La hija de esa familia, Mía, era la que llevaba a Lucía loca. Era amiga de Eric desde niños, y aunque él le había jurado que la veía como una hermana, ella no podía evitar verla como una rival en toda regla. Si hubiera estado en su mano, la habría sacado al ring y habría combatido con ella por Eric. Vaya, parecía que después de todo sí podía ser una luchadora si se lo proponía...

LUCÍA:
Si ke cierran tard ls museos n Roma

ERIC:
Mhe comido la mjor  de mi vida

LUCÍA:
M alegro

No tenía ganas de hablar de pizza y tampoco iba a sacar a relucir sus celos otra vez, que bastantes discusiones les habían provocado a los dos mientras ella estaba en el campamento gaditano. Y pensar que todavía faltaban dos semanas y media para que Eric volviera... Iba a tener que aprender a morderse la lengua por todas partes. Además, tenía otras cosas en la cabeza, cosas que la preocupaban tanto o más que eso. Eric debió de captar su tonillo algo molesto porque le respondió:

ERIC:
Ke t pasa?

Eric ya sabía que había discutido con las chicas, pero Lucía reflexionó un momento sobre si debía contarle las últimas novedades: él estaba de viaje y tampoco podía hacer mucho desde otro país. Sin embargo, tras unos pocos segundos se dio cuenta de que no sabía con quién más compartirlo y... ¡qué narices! Se suponía que los novios estaban para lo bueno y para lo malo, ¿no? Al final le soltó absolutamente todo en varios mensajes seguidos: lo del anuncio, lo de no ser una luchadora... Sus dedos tecleaban frenéticos en el teclado del *smartphone*.

ERIC:
Voy a tner una novia famosa?

Cuando Lucía vio la respuesta de Eric el Comprensivo, le dieron ganas de responderle con un insulto. **CON TODO LO QUE LE HABÍA CONTADO Y LO ÚNICO QUE SE LE OCURRÍA DECIR ERA ESA TONTERÍA**. En lugar de insultarlo, acabó por enviarle un mensaje con el icono de una nube de tormenta que Eric interpretó como una broma. Se despidieron como si nada y Lucía se quedó hecha polvo. Definitivamente, no había nada que hacer. Los chicos no tenían ni pizca de sensibilidad. Ella con quien necesitaba hablar era con alguna de sus amigas. El problema era que en ese momento no le quedaba ni una.

3

Protección 50 contra todo

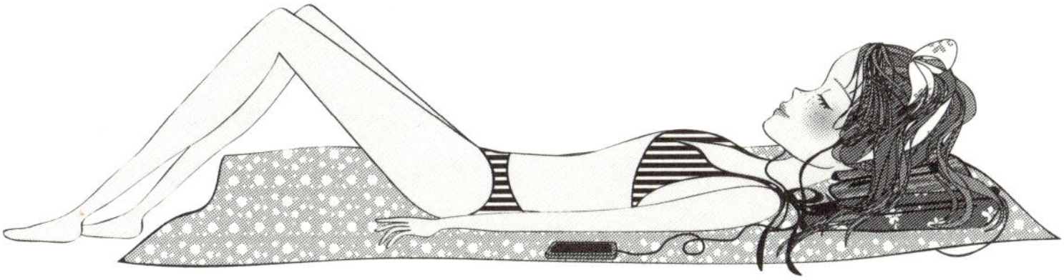

Cuando se hubo embadurnado entera de crema, Lucía se echó boca arriba con la intención de mantener algo del color que había cogido en Cádiz. Tenía la piel tan blanquísima que para una vez que había conseguido ponerse morena no podía permitir que se le escapara. Apartó los pocos granos de arena que se habían posado sobre su toalla de color violeta al sentarse, cogió los pantalones cortos y la camiseta que se había quitado, y se los colocó debajo de la cabeza. Ya estaba, perfecto. Se metió en las orejas los auriculares del móvil y le dio al «Play». Avicii comenzó a sonar con su *Wake Me Up* y Lucía se dejó llevar por el guitarreo mezclado con tecno mientras notaba la brisa marina y el calor del sol sobre su piel. Esa canción solía ponerla de buen humor, pero en ese momento lo que conseguía era ponerla más triste todavía, ya que recordaba como la habían bailado juntas las cuatro amigas en la fiesta sorpresa que le habían montado a Bea en junio, justo el último día de clase. Estaban tan felices aquel día... ¡Cómo habían cambiado las cosas desde entonces! Igual que decía la canción, Lucía deseó quedarse dormida y que alguien la despertara cuando todo hubiera terminado...

De pronto notó una sombra que se proyectaba sobre ella, robándole el sol que hacía un momento la estaba tostando. Se colocó el brazo encima de los ojos y los abrió para intentar ver qué pasaba. Su hermana Aitana, de seis años, estaba de pie encima de su toalla, mirándola fijamente. Lucía se quitó uno de los cascos y limpió la arena que se había colado con los pies de su hermana. Aitana llevaba un bañador rosa de Minnie, a juego con sus mejillas, más rosadas que nunca, y tenía los dedos enroscados en uno de los rizos dorados que se le escapaban de la coleta que le había hecho su madre, Lorena. La mujer de su padre estaba sentada en una toalla algo más alejada, luciendo embarazo junto a su marido. Lucía se había colocado a propósito lejos de Lorena, David y Aitana para que nadie interrumpiera su momento de tueste y relax, pero parecía que no había servido de mucho.

—¿Qué quieres? —preguntó a su hermana sin cambiar de posición.

—¿Qué escuchas?

Qué típico de Aitana responder con otra pregunta. Lo que quería era que le hicieran caso, no había duda. Desde que Lorena se había quedado embarazada no hacía más que solicitar atenciones. Por mucho que le dijeran, la pobre niña seguía pensando que cuando naciera su hermanito (porque, al parecer, Lorena esperaba un niño que todavía no tenía nombre), en unos seis meses, se iba a quedar más sola que la una. A Lucía le daba lástima y normalmente procuraba consolarla. Así que, aunque ese día no es que estuviera de humor precisamente, se incorporó en su toalla e hizo sitio a Aitana para que se sentara con ella. Después le colocó un casco en una de sus pequeñas orejitas y Aitana se quedó muy quieta escuchando la canción que sonaba entonces, *Slow Down*, de Selena Gómez. No duró ni un minuto callada.

—¿Dónde están tus amigas? —preguntó sin remilgos.

Lucía no se esperaba la salida de su hermana y tuvo que tomarse unos segundos para responder.

—En sus casas.

Esperaba haber resuelto el interrogante de manera satisfactoria, pero Aitana no tuvo suficiente. Rascándose la nariz, volvió a preguntarle:

—¿Por qué no hablas nunca con ellas?

—¿Tú qué sabes con quién hablo? —El tono de Lucía empezaba a perder todo rastro de paciencia.

—Porque yo lo sé todo.

Lucía comprendió que de nada servía enfadarse con ella, pero tampoco quería que la siguieran interrogando por un tema tan delicado, así que cogió el *smartphone*, recuperó los cascos y lo guardó todo en su bolsa de playa. Después se puso de pie y le dijo a su hermana que regresara a la toalla con Lorena y David.

—Yo me voy a dar un paseo —anunció bien fuerte para que todos la oyeran.

Su padre la sorprendió ofreciéndose a acompañarla. Aunque Lucía prefería estar sola, no quiso defraudar también a su padre. Así que, mientras Aitana se quedaba con Lorena vigilando las toallas y las bolsas, Lucía y David se encaminaron hacia la orilla para comenzar su paseo playero.

—Estás muy rara —habló su padre cuando no había caminado ni dos metros.

Lucía resopló. A ver, ella no era una amante de los paseos: solo era una excusa para no hablar del tema con su hermana, pero ahí estaba su padre para cotillear también. **¡¡¡NOOOOOOOOOOOO!!!**

—Bueno, si no quieres contármelo tampoco pasa nada.

Lucía miró a David, bastante más alto que ella, y vio esa cara tan de bonachón que tenía siempre, la barba de pocos días, el pelo castaño revuelto... y le dio lástima. Además, él siempre le había dado los mejores consejos. Algunas de sus frases hechas se habían convertido en auténticos lemas para ella y las chicas.

—No es eso, perdona, papá.

David le pasó el brazo por los hombros y Lucía no se apartó. Tampoco le entusiasmaba demostrar afecto a sus padres en público, pero llevaba ya varios días de bajón y los cariños eran algo que, en ese momento, no le molestaba nada.

—Me peleé con las chicas en el campamento —acabó admitiendo Lucía en voz alta. Y después continuó con la explicación de todo lo demás: el anuncio, su madre...

—Claro que eres una luchadora. Ni se te ocurra ponerlo en duda.

Lucía sonrió a David y se apretujó más debajo de su brazo. El mar le acarició los pies refrescándola un poco.

—Pues si hablamos de dudas, te diré que de eso me sobra.

¿Y si sus amigas no eran tan amigas después de todo? ¿Y si llevaba toda su vida equivocada? ¿Y si resultaba que todas podían hacer su vida por separado, sin el apoyo de las demás, sin echarse de menos? Lucía se hizo algunas preguntas en voz alta, pero todavía le quedaban en la recámara unas cuantas más. Cuando paró de hablar, David la estaba mirando fijamente.

—¿Qué?

—La duda es la madre del descubrimiento —le soltó su padre.

—Ya estamos con tus frasecitas...

—Ya verás como gracias a esas dudas pronto descubres qué es lo que tienes que hacer.

Lucía entornó los ojos, porque no entendía una palabra de lo que le estaba diciendo. Continuaron caminando juntos en silencio unos pasos más, hasta que se dieron de frente con una mujer que los saludó alterada.

—Hola, Paloma —la recibió David.

Era, ni más ni menos, la madre de Bea. De ella había sacado su amiga (o ex amiga, para ser más realistas) sus increíbles ojos verdes, no cabía duda.

—Hola, David, Lucía. ¿Cómo estáis? Yo he venido a dar un paseo para ver si me aclaro, porque no veas qué diítas llevamos...

—¿Qué ha pasado? —preguntó su padre.

Lucía decidió mantenerse callada por el momento. Se miraba las manos, se quitaba la arena pegada al brazo, se recolocaba las pulseras de hilos... Desconocía si Paloma estaba enterada de la pelea de su hija con sus amigas, pero prefirió no decir ni mu por si acaso. Y de repente...

—¡Una tragedia, eso es lo que ha pasado!

Lucía dio un bote al escuchar la exclamación de Paloma y, sin pensarlo, preguntó con voz aguda:

—¿Qué tragedia? ¿Bea está bien? —No pudo remediarlo, le salió solo...

—A medias. Es que verás, qué raro que no te lo haya contado... Ha perdido el violín.

—¡¿Quéééééééééé?! —El grito de Lucía debió de oírse a lo largo y ancho de la playa a pesar de las olas que rugían a sus pies, porque de repente se sintió el centro de atención de un público inmenso.

—Como lo oyes. Se lo dejó en el metro volviendo a casa y ha desaparecido. Hemos hablado con la administración del metro, pero ya nos han dicho que poco se puede hacer...

La madre de Bea aprovechó para comenzar una perorata sobre lo mal que estaban las cosas: no podían comprarle un violín nuevo a Bea porque bastante tenían con pagar el viajecito de Marcos a Londres y la universidad privada, porque sí, su hijo mayor no había conseguido sacar la nota de corte que quería en selectividad y para estudiar Ingeniería Informática había tenido que meterse en una privada, que costaba un dineral. Y, por si fuera poco, el trabajo de su marido pendía de un hilo... El negocio de los seguros vivía un momento crítico y ya estaban echando a compañeros que llevaban en la empresa los mismos años que él.

Mientras Paloma hablaba y hablaba, David solo tenía oportunidad de decir «sí» o «claro» alguna vez,

pero poco más. A Lucía le parecía mentira que Bea fuera hija de esa mujer con la boca tan grande: a su amiga había que arrancarle las palabras con sacacorchos. Y pensando en Bea... ¡Pobrecilla! Se la imaginaba preocupadísima por su violín. Lucía sabía que al final del verano tenía un concierto importantísimo, como todos los años; un concierto al que solía invitarlas para gorronear después en el pica-pica que se montaba. Ese año nadie había invitado a nadie, claro... Pero esa no era la cuestión, la cuestión era: ¿cómo iba a ensayar Bea sin su violín, al que tanto cariño tenía y tanto cuidaba? ¿Y cómo se sentiría al haberlo perdido?

Cuando Paloma se despidió de ellos, Lucía le pidió a su padre que regresaran a la toalla enseguida en lugar de continuar con el paseo. Al final, David había demostrado tener razón una vez más. Nada le importaba ya lo de mojarse o no mojarse para hacer las paces con sus amigas, ni todas esas preguntas que unos minutos antes la hacían desconfiar de si las necesitaba: **¡PUES CLARO QUE SÍ! ¿ES QUE SE HABÍA QUEDADO TONTA?** Ahí tenía la respuesta. Como había dicho su padre, las dudas le habían hecho descubrir una cosa: que estaba preocupada por Bea y quería **(no, NECESITABA)** hablar con ella ya.

4

¡Ya no hay marcha atrás!

La camiseta que había comprado en un mercadillo de Cádiz era ideal: con un nudo bajo en la espalda dejaba parte de los hombros al descubierto, y el color azul eléctrico quedaba estupendo con la mini vaquera. Para los pies, en un intento por recuperar el significado que parecían haber perdido, escogió las zapatillas rojas. Le darían ánimos para lo que estaba a punto de hacer.

Había optado por un vestuario sencillo. Para ir a visitar a Bea no buscaba más sofisticaciones, quería que su ropa dijera «quiero hacer las paces» antes de que pudiera pronunciarlo de viva voz. Lucía se miró en el espejo, después cogió del perchero el bolso bandolera, también rojo, y se concentró: sí, estaba preparada para ir a casa de Bea y arreglar las cosas con ella.

Cuando le había escrito un whatsapp preguntándole si estaría disponible esa tarde, su amiga había respondido muy concisa que sí. Tras decirle Lucía que le gustaría visitarla, solo había respondido «OK». Así que no tenía ni idea de qué encontraría al llegar a casa de su amiga, lo mismo la echaba a patadas... Sin embargo, no se iba a echar atrás. Como decía su padre: «El que pretende verlo todo con claridad antes de decidir nunca decide». Y **ELLA HABÍA DECIDIDO** sin que importara lo que había sucedido en el campamento...

En Cádiz, Bea también se había alejado del grupo poco a poco. Había hecho buenas migas con una compañera de su clase de inglés, un nivel bastante más alto del que les había tocado a Lucía y a las demás tras la prueba de acceso. La chica se llamaba Nerea, y Bea había acabado compartiendo más con ella que con cualquiera de sus amigas de toda la vida. Comían juntas y, en las excursiones en autobús, se sentaban siempre en pareja... A Lucía esa actitud le había molestado mucho, pero había llegado la hora de arreglar aquella situación. Se repitió que eso no era lo importante mientras resoplaba delante del espejo. Tras repeinarse una vez más el flequillo, recién recortado por encima de las cejas, y ahuecarse la melena pelirroja, se dio por vencida: ¡odiaba esa humedad! A ver cuánto le duraba el pelo suelto... Se fijó en que se le estaba aclarando un poco de tanto sol, lo mismo acababa siendo rubio y todo.

Se despidió de su padre, Lorena y Aitana, que estaban en la sala de estar con el aire acondicionado a toda marcha.

—Suerte. —Su padre le guiñó un ojo y Lucía le dio las gracias. La iba a necesitar...

—¿Por qué suerte? —oyó decir a su hermana cuando cerraba la puerta a su espalda; se le escapó media risa.

Pulsó el botón del ascensor, pero al ver que no llegaba decidió bajar por las escaleras como una bala. Estaba tan ansiosa por llegar a la puerta de Bea que si hubiera tenido un avión a mano lo habría cogido para aterrizar en su jardín. Así que, tras salir casi dando con la puerta en las narices a dos vecinas que entraban, siguió corriendo hasta la parada del autobús, que llegaba justo en ese momento (parecía que el mundo le sonreía por una vez) y, como apenas encontró tráfico, en menos de un cuarto de hora ya estaba plantada delante de la puerta del adosado de Bea.

Lucía dejó la mano suspendida en el aire unos segundos antes de tocar el timbre para que le diera tiempo a respirar hondo y tranquilizarse. ¿Qué le pasaba? Estaba en casa de su amiga, un miembro del Club de las Zapatillas Rojas, aunque el club estuviera algo disperso en ese momento... Se miró las zapatillas y sonrió: todavía había esperanza.

Diiiing Doooooong

Enseguida apareció en la puerta Paloma, que la recibió tan agradecida como siempre.

—¡Lucía! ¡Parece que hoy nos vemos más que nunca! —La mujer le cogió la mano con gesto cariñoso y la hizo pasar—. ¡Corre, pasa, que se nos escapa el fresco!

Al entrar, Lucía se sintió como en casa, igual que todas las otras veces que había visitado a su amiga.

—Bea está esperándote en la buhardilla.

Sin decir más, se encaminó a las escaleras que la conducían a ese espacio tan simbólico para el Club de las Zapatillas Rojas, la buhardilla en la que habían vivido tantos momentos felices todas juntas: noches de sábado llenas de pelis y chuches, cumpleaños, la grabación del vídeo con el que ganaron el concurso de baile para ir a Berlín... Todo estaba igual que lo recordaba, pero tenía la sensación de que habían pasado miles de años desde la última vez que había puesto un pie allí.

En un rincón entre los cojines, Bea leía un libro. Al oírla llegar levantó los ojos y se puso de pie.

—Hola —la saludó sin acercarse.

Se fijó en como los ojos de Bea se desplazaban a las zapatillas rojas y en el gesto triste que se le dibujaba en la cara.

—Hola, Bea. ¿Cómo estás? —preguntó, aunque por los calcetines negros con playeras blancas que llevaba su amiga sabía que su ánimo estaba por los suelos.

Se acercó a Bea. Notaba perfectamente como le temblaban las manos y procuró disimularlo jugando con la correa de su bolso.

—Bien, estaba leyendo un libro sobre Debussy, un compositor.

—Parece interesante...

¡Qué situación más incómoda! ¿Qué estaban haciendo? Ya solo les faltaba hablar del tiempo para que aquello pareciera el encuentro de dos desconocidas más que de dos amigas del alma.

—Es que con este calor no apetece hacer mucho más...

Ahí estaba, el tiempo. No, eso no podía seguir así. ¿Qué era lo siguiente? ¿Preguntar por la familia?

Lucía sacudió la cabeza para quitarse esa idea de la cabeza. Se acabó, tenía que hacer algo.

—Aaaaaaaaarrrggghhhhhh —gruñó, quitándose el bolso para sentarse en el rincón que había ocupado Bea hasta hacía un momento. Se llevó las manos a la cabeza: ya estaba decidida, iba a soltar todo lo que tenía en mente.

—¿Qué te pasa?

—Que esto no mola nada. Estar así, parecemos dos nisu.

—¿«Nisu»? —Bea frunció el ceño, confusa.

—«Ni su padre la conoce» —le explicó Lucía encogiéndose de hombros, como si fuera una expresión evidente.

A Bea se le escapó una risa que, rápidamente, procuró disimular. A Lucía eso le dio fuerzas para continuar hablando.

—Verás, he venido a verte porque estaba preocupada. Me he encontrado con tu madre esta mañana en la playa...

Lucía le explicó todo lo que Paloma les había contado a su padre y a ella, y también que se había dado cuenta entonces de que lo único que le importaba era demostrarle su apoyo en un momento tan difícil y saber cómo estaba. Bea se sentó a su lado, al principio sin decir nada.

—Me dejasteis sola —susurró Bea mirando al suelo.

—¿Cómo dices?

—En el campamento me dejasteis sola. Nerea fue mi única amiga en esos quince días. Pensaba que nosotras ya no volveríamos a serlo.

Lucía notó como esas palabras le llegaban directamente al corazón y lo atravesaban. Al escuchar la

versión de Bea, se planteó que quizá durante el campamento no se había portado tan bien como le gustaba pensar...

Lo cierto es que, con el trajín de los chicos, todas habían tenido la cabeza un poco en sus cosas. La culpa no había sido solo de Frida o de Bea, claro. Lucía había pasado unos días bastante malos discutiendo con Eric y pendiente de él por lo de Mía y de su inminente viaje a Roma: se marchaba tres semanas justo cuando ella volvía del campamento, así que casi no se iban a ver. Para Lucía eso significaba que Eric pasaría su verano con otra chica, algo que había provocado más de una bronca. Marta, por su lado, recibió la visita de Kay y, durante una semana, se pasó los ratos libres con él: entre las actividades, las lecciones de inglés, las excursiones y Kay, no se le veía el pelo. Sí, sumando todos esos elementos, habían estado todas bastante ocupadas. Bea tenía razón.

—Pensé que no querías... Lo siento mucho, de verdad. —Lucía la miraba directamente a los ojos. Se sentía fatal.

—Yo quería contaros... algunas cosas. Pero no me dejabais, cada una iba a lo suyo. Frida con Nico y los demás, Marta con Kay, y tú todo el día de mal humor y enganchada al móvil.

Lucía asentía, no podía negar que todo lo que decía era cierto.

—¿Y qué querías contarnos? —le preguntó, en un vano intento por arreglar el pasado.

Bea fue al escritorio para coger el móvil, que estaba cargando, y lo desenchufó. Leyó algo en él y sonrió, después regresó junto a Lucía y se lo tendió. Lucía lo cogió, insegura, para descubrir en la pantalla una conversación de WhatsApp entre Bea y... ¡Madre mía, qué notición! Se trataba de Aitor, el hermano de Susana, con el que había empezado a tontear antes del verano.

Lucía miró titubeante el móvil en su mano, no sabía si su amiga quería compartir con ella los mensajes también y prefería no arriesgarse a volver a fastidiarla.

—Lee, tranquila.

¡No daba crédito! Aitor y Bea llevaban hablando todo el verano y parecían dos tortolitos. Se decían qué canciones les recordaban al otro, qué habían hecho ese día, incluso lo que habían comido... Definitivamente tenían mucha..., no, muchísima más comunicación que ella y Eric. No había duda de que entre Bea y Aitor había empezado algo.

—¿Estáis saliendo juntos?

—No exactamente, no nos hemos visto desde mi cumpleaños. Pero hablamos cada día.

—¿Todavía está en el pueblo con Susana?

—Sí, vuelven dentro de una semana. Hemos quedado en vernos entonces, pero no sé...

—¡No sabes ¿qué?! ¡Es una noticia estupenda!

—Que una cosa es hablar por WhatsApp y otra cara a cara, Lucía. Ya me conoces, se me da fatal hablar con los chicos.

—¡Pues ya va siendo hora de que se te dé mejor! Tú no te preocupes, yo te ayudaré a que todo salga bien.

—¿Sí?

Bea abrió mucho los ojos y Lucía no tuvo palabras para expresar su respuesta, por eso le dio un abrazo que por poco las deja a las dos sin respiración. Con él pretendía borrar los últimos días y el dolor que pudiera haberle causado a su amiga.

Al separarse al cabo de varios segundos, tenían los ojos llorosos y sonreían como dos bobas. No había nada como hacer las paces en condiciones. Lucía se sentía muchísimo mejor que durante la última semana, incluso que lo que llevaban de mes. Pero quedaba otro asunto por solucionar...

—Vamos a encontrar tu violín —anunció, y dejó a Bea con la boca abierta.

—Pero ¡¿cómo?! Fui tan tonta como para dejármelo en el metro hace tres días...

Bea cabeceaba, demostrando lo mal que se sentía por el despiste. Le explicó a Lucía que ya había hecho todo lo que estaba en su mano para encontrarlo. Los de la administración del metro no le habían dado muchas esperanzas y en objetos perdidos no lo tenían; allí le habían advertido que lo más probable era que algún viajero se lo hubiera llevado...

—¿Qué día es el concierto? —la interrumpió.

Septiembre 10

—El 10 de septiembre.

—¡Entonces no podemos retrasarnos, nena! No creo que aparezca solo... Tenemos que encontrarlo nosotras.

La frase de Lucía resonó en las paredes de madera de la buhardilla como un nuevo propósito lleno a su vez de preguntas.

—¿Nosotras? —quiso aclarar Bea dirigiendo sus ojos a las zapatillas rojas de Lucía una vez más.

—Sí, nosotras.

Evidentemente, se refería a todas ellas, al Club de las Zapatillas Rojas. Encontrar el violín no iba a ser tarea fácil y por eso necesitaban la fuerza del equipo con el que tantas veces habían contado, ese equipo que se había dividido de una forma tan drástica. Solo hacía falta hallar la manera de volver a reunirlo...

Inicio Perfil Mensajes Gente Vídeos Buscar subir fotos

4 ME GUSTA

MARTA: Ke a pasado?

BEA: Violin xrdido!

MARTA: Como?

LUCÍA: N mtro

BEA:

MARTA: Primo d mi padre ncontrara!

LUCÍA: ¿¿¿???

MARTA: Trabaja n mtro. Pregunto AHORA

BEA:

MARTA: ZR4E!

5

¿¿¿ZR4E???

Al leer aquellas siglas Lucía se quedó pensativa ante la pantalla del ordenador. Se acababa de levantar y todavía no se había tomado su dosis de azúcar (su Nesquik) para despertarse. Aunque le resultaba raro ver aquellas letras juntas, significaba que todavía había esperanza. Zapatillas Rojas For Ever. Sí que estaban algo separadas, pero las zapatillas iban camino de unirse otra vez, ¿no? Ver que Marta había respondido tan rápidamente a la foto que habían colgado ella y Bea el día anterior era muy buena señal, significaba que no pasaba de todo. Y además había prometido ayudar a encontrar el violín sin esperar a que nadie se lo pidiera. Una cosa era segura, si Marta prometía algo era porque pensaba cumplirlo por encima de todo.

Marta también se había distanciado durante el campamento, pero no parecía ser muy consciente de que en ese momento estaban cada una por su lado, quizá porque vivía a cientos de kilómetros y es fácil engañarse si una no ve lo que sucede... Cuando Kay fue a visitarla a Cádiz, se dedicó a pasar todo el tiempo que tenía disponible con él y hubo un día en que Lucía intentó decírselo y acabaron discutiendo más fuerte que nunca. Kay acababa de marcharse a su hotel con sus padres y Marta llegaba de dar un paseo por la playa en pleno atardecer, de lo más romántico. Lucía estaba sentada en las rocas con el móvil agarrado en una mano a punto de tirarlo al mar. Eric acababa de echarle la bronca otra vez por ponerse tan celosa de Mía sin motivo alguno (según él): hablaba tanto de Mía que parecía que se habían ido de viaje los dos solos, no con sus familias. Lucía le había respondido que si tan bien se llevaban sus familias hasta podían empezar a pensar en la boda... Como contraataque Eric le había recordado cómo había tonteado ella cuando conoció a Kay, y Lucía había acabado colgándole el teléfono. ¿Cuántas veces tenía que disculparse? ¡Había sido una época confusa!

Así que allí estaba ella, con el brazo estirado y a punto de poner en práctica el movimiento de béisbol que la profe de gimnasia les había enseñado para hacer puntería en la siguiente ola, cuando Marta apareció tan feliz y contenta por la arena. Llevaba una flor de lavanda detrás de la oreja, parecía la protagonista de una película romántica.

—¿Qué haces aquí? ¿Qué le pasa a tu móvil? —preguntó.

—Voy a deshacerme de él porque me está amargando el verano.

—¿El móvil? ¿Cómo?

Lucía se la quedó mirando y, al ver esas mejillas tan encendidas de felicidad y amor, sintió una rabia que le acabó saliendo por la boca, en forma de reproches.

—¡El móvil, no! ¡Eric! Pero como tú estás tan ocupada con tu Kay no te das ni cuenta...

Marta se cruzó de brazos y se la quedó mirando con cara de no entender nada. Marta, la persona más tranquila y *happy* del mundo, no era nada partidaria de las discusiones.

—No sé por qué te pones así. A ver, dime qué te pasa con Eric.

—¡Ahora no me da la gana!

A Lucía le parecía que la cara le mutaba del rojo al lila y después al verde... Estuvo a punto de explotar en medio de aquella playa andaluza.

—Bueno, pues ya me lo contarás cuando te apetezca.

—¡Las cosas no se hacen cuando y como tú quieras, ¿sabes?!

Marta cabeceó, sacudiendo su melena dorada, y con la cara cada vez más desencajada por el espanto.

—Se te ha ido la olla, Lucía. Cuando te calmes, hablamos.

Y, así, su amiga continuó caminando por la arena en dirección al campamento, tocándose la flor de lavanda que salía por encima de su oreja. No volvieron a hablar de ese incidente el resto del campamento, pero Lucía tampoco llegó a compartir con Marta lo que había ocurrido con Eric. Ni eso ni casi nada, porque apenas habían hablado desde entonces... Hasta ese momento.

Lucía estiró los brazos sobre su silla reclinable para acabar de desperezarse. Había llegado la hora de escribir un correo electrónico a Marta... Visto en perspectiva, aquel día se le había ido la olla como poco, tal como le había dicho su amiga. Pero es que todas estaban como si no fueran ellas, ¿qué les había pasado? Tenía que hablar con Marta para explicarle todo lo que se le había pasado por la cabeza, pero esa vez sin convertirse en una psicópata. Solo esperaba estar a tiempo de arreglar también las cosas con ella.

De: Marta (lapoetisamarta@hotmail.com)

Para: Lucía (let'sdance@hotmail.com)

Asunto: Re: ¿Perdonarías a una psicópata?

Adjunto: zapatillas.jpg

Niñaaaaaaaaa:

Que no pasa nada. Sé que está siendo un verano algo extraño, no te creas que no me he dado cuenta, aunque esté en el quinto pino. No te eches la culpa de nuestra pelea en el campamento, yo estaba como si me hubiera abducido una nave llamada Kay y no me enteraba de nada... Espero que puedas perdonarme tú también a mí, porfi, porfi, porfi... Siento no haber estado apoyándote para mandar a Eric a freír churros. Me da igual que le sienten mal tus celos, tienes todo el derecho a ponerte así. **¡¿QUÉ SE HA CREÍDO ESE?!**

Te contaré también yo un secreto, de abducida a psicópata: creo que me he obsesionado un poco con Kay, ¿quién me lo iba a decir hace unos meses? Cuando no estoy con él, me paso el día pensando en qué estará haciendo, si pensará en mí... Me he alejado tanto de todo lo demás que hasta Viveka y Kellen me han echado un rapapolvo que no veas. Dicen que el primer paso para arreglar algo roto es reconocerlo, así que **RECONOZCO QUE ME HE PORTADO UN POCO COMO UNA ESTÚPIDA**. Voy a intentar desobsesionarme y volver a ser yo...

Y dicho esto, ahora tenemos que unir fuerzas y encontrar el violín de Bea. Mi padre ha hablado con su primo y le ha dicho que está de vacaciones hasta el martes, pero que cuando llegue al trabajo investigará y nos informará cuanto antes. Aunque no esté en objetos perdidos, quizá algún compañero suyo sepa algo...

Te quiere,
Marta
(recién llegada de una abducción involuntaria)

P. D. Hoy me he puesto nuestras zapatillas, aunque también aquí hace un calor de narices y he echado de menos las sandalias ☺. Mira la foto. ¿Crees que ya puedo firmar como ZR4E? Solo falta Frida por responder al SOS...

6
El blues del metro

El traqueteo del metro la hacía balancearse a un lado y al otro, y eso que iba sentada, algo impensable en los días de diario a esa hora de la tarde. Pero como era domingo...

Lucía había dejado a Lorena, su padre y Aitana enchufados al aire acondicionado (para variar) y ella se había enfundado los pantalones cortos y el top negro sin tirantes para buscar el violín de su amiga. Había impreso un buen puñado de fotocopias en color de la funda del violín de Bea con la imagen del corazón que ella misma había pintado. Recordaba perfectamente el día que lo hizo, fue una de esas noches de sábado en la buhardilla. Bea tenía el violín fuera de la funda porque había estado ensayando hasta que llegaron ellas, y varias partituras colocadas en el atril. Ese día Bea llevaba la camiseta del corazón que tanto le gustaba, y le preguntó si le apetecía que le dibujara el mismo corazón en la funda del violín para que nunca la confundiera con otra. Normalmente la gente escribía su nombre, pero así el violín de Bea sería diferente. Su amiga aceptó encantada la idea, así que Lucía sacó de su mochila el estuche de las pinturas y pintó el corazón rojo con la letra B justo en el centro.

A Bea le encantaba su funda, pero ya no la tenía... ¡ESO ERA DEL TODO INJUSTO! Y como Lucía no soportaba las injusticias, allí estaba, en uno de los vagones del metro, con las manos apretadas sobre el fajo de fotocopias que estaba a punto de repartir. Como todavía no sabían si el violín se había quedado en el metro o lo habría cogido alguien, Lucía quería probar otra vía de investigación.

Al oír por los altavoces el nombre de la estación del barrio de Bea, Lucía se puso de pie, agarrándose a la barra con la mano libre, y se bajó en cuanto las puertas se abrieron. Se dio toda la prisa que pudo para alcanzar a los viajeros que bajaban y subían, y comenzó a repartir sus fotocopias a diestro y siniestro.

—¿Ha visto esta funda de violín? —iba preguntando a unos y a otros. Además de la foto, el cartel incluía su número de teléfono y correo electrónico para que la avisaran en caso de tener alguna pista fiable.

Había confeccionado los carteles lo más claro posible con Photoshop. No, ella no tenía mucha idea (ni poca) de cómo utilizar el programita, era su padre quien le había dado algunos consejos... O, directamente, los había hecho él. David era el propietario de una empresa de servicios gráficos y, además de contar con un amplio catálogo de frases hechas para vivir mejor (quizá por todas las tarjetas y felicitaciones que, de vez en cuando, les encargaban diseñar), tenía bastantes conocimientos informáticos. Así que los carteles para encontrar el violín de su amiga habían quedado de lo más chulos.

Lucía pasó de la ancianita peripuesta, que le cogió el cartel amablemente, a unos padres concentrados en controlar a dos terremotos. Los niños insistían en salir corriendo hacia cualquier lugar que estuviera lejos de sus padres para darles la carrera. Pocas personas más se cruzaron en su camino: un grupo de chicos y chicas, que arrugaron el cartel nada más cogerlo, y un señor que iba leyendo un periódico y que ni siquiera hizo por escucharla. Un fracaso total, vaya.

Salió del andén, cruzó las barreras y se dirigió al claustrofóbico pasillo que daba a las escaleras para salir al exterior. Quizá en el parque de al lado encontrara personas menos atareadas y MÁS dispuestas a ayudarla... Ya al inicio del pasillo le llegaron las notas de un saxofón que sonaba muy bien. Aprovechó que se cruzaba con un par de chicas para entregarles también el cartel. Unos pasos más adelante, comenzó a sonarle la canción... Sí, no había duda, se trataba de *Wish You Where Here*, uno de esos temas que le había contagiado su padre, de un grupo más viejo que el tiempo llamado Pink Floyd. La verdad es que la melodía era muy pegadiza y le encantaba el ritmo. Comenzó a tararearla mientras se acercaba a la fuente de ese sonido y sin darse cuenta se paró frente al chico que la tocaba apasionadamente con un saxofón. Lucía se quedó alucinada, escuchando y observando como se movía el chico abrazado a ese original instrumento que solo había visto en fotografías. Le parecía una pasada el tubo cónico que acababa en una campana, con todos los agujeros y almohadillas que el músico pulsaba sin dejar de soplar por la boquilla. Era una música preciosa, de esas que quieres escuchar hasta el final.

—¿Te ha gustado?

Lucía tardó en percatarse de que el chico había acabado de tocar y que le hablaba a ella. Instintivamente, se pasó la mano por el flequillo para peinárselo y miró después al desconocido de arriba abajo. Hasta ese momento no reparó tampoco en lo guapísimo que era el saxofonista. Definitivamente, le sacaba varios años... Tenía el pelo negro corto y despeinado, y unas pestañas larguísimas que enmarcaban unos ojos igual de oscuros. Iba vestido con unas bermudas vaqueras, unas chanclas y una camisa de cuadros negros y rojos de manga corta abierta sobre una camiseta de tirantes negra. Le llamó la atención el anillo que llevaba en el pulgar de la mano derecha. ¿No le molestaría para tocar tan bien como lo hacía?

—¿No eres de aquí? ¿Hablas mi idioma? —insistió él.

—Perdona, sí, sí, me ha gustado mucho la canción.

—Gracias. Veo que sí eres de por aquí... Como te he visto preguntando algo a la gente...

—Es que estoy buscando el violín de una amiga.

Lucía le entregó uno de los carteles que llevaba en la mano. El músico lo observó un rato sin hablar. Después levantó la cabeza de un impulso, como si hubiera caído en algo y la miró directamente a los ojos. Lucía se sintió intimidada por esa mirada tan profunda y notó como le subía el calor a la cara. Empezó a abanicarse con los otros carteles para disimular.

—El otro día vi esta funda. Me llamó la atención el corazón.

Lucía creyó ver la solución a todos los problemas y por un momento estuvo a punto de encadenarse a aquel desconocido hasta que le contara todo lo que sabía. Sin embargo, se contuvo y se quedó en el sitio.

—¿Dónde? —No pudo evitar un pequeño gallo traidor que le salía siempre que se ponía nerviosa.

—Lo llevaba una chica de tu edad. Con el pelo castaño, ojos verdes...

Toda la exaltación desapareció en un tris al escuchar esa descripción: no había duda de que el músico se estaba refiriendo a Bea.

—¿Hace más de cuatro o cinco días?

—Sí, eso es.

—Entonces te refieres a mi amiga, la propietaria del violín. Es que hace cuatro días que se le perdió...

—¡No me digas! ¡Qué desastre! Pobrecilla...

Ver cómo le afectaba a ese desconocido la tragedia sorprendió a Lucía, y él debió de advertirlo, porque enseguida se justificó:

—Para un músico su instrumento es lo más importante del mundo —dijo acariciándose la barbilla y mirando a Lucía fijamente, que notaba que se le doblaban las rodillas, como si fuesen de chicle.

—Si a mí me sucediera algo parecido reaccionaría fatal —continuó hablando el músico, que alabó después la extraordinaria labor que Lucía estaba realizando para ayudar a su amiga. Debía de quererla mucho...

La manera en que la miraba tan directamente a los ojos, sin ninguna timidez ni modestia, estaba poniendo a Lucía de los nervios. Se le veía tan seguro de sí mismo... Volvió a abanicarse con los carteles al notar que el calor de antes se había convertido en un auténtico fuego abrasador. Empezaba a sentir que se le deslizaban gotas de sudor por el cuello, justo por debajo de la melena, hacia la espalda. Solo de imaginar en lo que se habría convertido su pelo... ¡Qué horror! ¡Qué vergüenza!

—Déjame varios carteles. Los repartiré cuando vea a más gente. Yo estoy aquí tocando casi todos los días. ¿Te parece bien?

—Uy, sí. Gracias. Te lo agradezco muchísimo.

—Adri. —El chico alargó la mano para coger la de Lucía directamente.

—Lucía.

Adri se quedó un rato cogido a la mano de Lucía, moviéndola en el aire, y al final fue ella la que tuvo que tirar para que la soltara. No porque estuviera muy a disgusto (¡PARA NADA!), sino porque temía que Adri fuera a notar que tenía las manos mojadas por el sudor y los nervios que estaba experimentando.

—Me tengo que ir... —Lucía interrumpió el momento señalando las escaleras de salida, su salvación.

—Vale. Entonces si descubro algo te llamo o te envío un mail.

Lucía tragó saliva para después asentir totalmente muda: ¡aquel desconocido tenía su contacto! Adri sonrió y, sin avisar, posó su mano con todo el descaro del mundo sobre el hombro desnudo de Lucía como despedida. Con el contacto, Lucía dio un bote imposible de disimular y, tartamudeando un «adiós», le dio la espalda para que no viera su cara abochornada. Aun así, podía notar perfectamente su atrevida sonrisa en el cogote. Se dirigió a toda prisa al exterior para cogerse a la baranda de las escaleras. Estaba convencida de que el suelo se estaba balanceando bajo sus pies y era incapaz de caminar recta. Tuvo que esperar varios minutos a que se le pasara el mareo antes de darse una vuelta por el parque para seguir repartiendo carteles. Sin embargo, no consiguió deshacerse de la sensación de zozobra, ni entonces ni cuando cogió el autobús para regresar a casa de su padre, a pesar de que así daba muchísima más vuelta que cogiendo otra vez el metro... ¡De ninguna manera iba a cruzarse otra vez con Adri!

7

¿Qué pasa con el anuncio?

La lasaña de espinacas estaba estupenda, era una lástima que Lucía no tuviera el estómago preparado para ese plato ni para ningún otro. Su madre acababa de preguntarle por el dichoso anuncio otra vez... Tendría que haberse quedado en casa de su padre unos cuantos días más para evitar el temita. Lucía daba vueltas a un pegote de bechamel con el tenedor, expandiéndolo por el plato para reducirlo hasta hacerlo desaparecer. Si hubiera podido hacer lo mismo con todas las cosas que la molestaban...

—Solo te digo que si crees que no vais a poder actuar juntas me lo digas para seleccionar a otras candidatas —insistió María mientras recogía los platos e iba a la cocina.

José María posó su mano sobre la de Lucía para llamar su atención cuando su madre se hubo alejado y le susurró para que no le oyera en la distancia:

—No le viene de unos días, tú no te preocupes.

Lucía le sonrió y él le devolvió el gesto amable a través de esas gruesas gafas que le ocultaban la vida de los ojos. José María era todo lo contrario de su madre, siempre la consolaba cuando ella sacaba al ogro que llevaba dentro. Solo una persona con mucha paciencia podría aguantar a alguien así día tras día durante años y años...

—Entonces ¿qué? ¿Me busco la vida o no? —Su madre volvió a la carga con el postre en las manos.

—No. ¿Qué día es la grabación del anuncio?

—El 6 de septiembre, ya te lo dije. Faltan exactamente dos semanas y dos días.

—Vale. Pues en dos semanas y dos días lo habré solucionado. Estate tranquila, pesada. —Cogió el yogur de fresa y empezó a tragar.

Intentaba disimular su agobio como podía, porque SÍ, estaba superagobiada: ¡dos semanas y dos días no eran nada! ¿Cómo iba a conseguir que sus amigas volvieran a ser un grupo unido en esa birria de plazo? Ni idea... Sin embargo, tenía claro que pasaba de decepcionar a su madre, de borrar la imagen de luchadora que se había formado de ella. Así que ya podía hacer algo más de lo que había hecho...

—Ya he acabado. ¿Puedo ir a mi cuarto?

María levantó la mano, indicándole que fuera a donde quisiera, mientras acababa de masticar el trozo de manzana que se había metido en la boca. Lucía salió del comedor antes de que pudiera volver a soltarle alguna puya y se encerró en la habitación. Apartó toda la ropa que había dejado tirada en la silla al llegar de casa de su padre, la dejó sobre la cama y se sentó; la colocaría más tarde, antes de que su madre se diera cuenta.

El ordenador llevaba encendido toda la mañana, así que solo tuvo que entrar en su cuenta de Tuenti para comprobar si había más comentarios sobre el anuncio del violín perdido de Bea: nada de nada, estaba igual que el día anterior. Bajo la foto solo destacaban los comentarios de Marta, Bea y ella, faltaban los del otro miembro del Club de las Zapatillas Rojas, el único que se mantenía totalmente desaparecido: Frida. ¿Dónde se había metido? ¿Tan poco le preocupaba su amiga que ni respondía a un drama como el del violín?

Accedió a su perfil y comprobó que no había actividad desde el mismo día del regreso del campamento, cuando anunció:

Inicio Perfil Mensajes Gente Vídeos Buscar subir fotos

Ya en casa! Os echaré de menos... Nos vemos pronto!

Lucía se removió en la silla y soltó un bufido. Era evidente que se refería al grupete de Nico y los demás. ¿Sería posible que Frida hubiera estado desaparecida por andar demasiado ocupada quedando con sus nuevos amigos y pasando totalmente de ellas? Pero, de ser así, habría colgado más actualizaciones en su perfil... Frida era una adicta al Tuenti y le encantaba anunciar en él todo lo que hacía. Entonces ¿por qué estaba tan callada?

Lucía se echó para atrás en la silla para valorar las distintas posibilidades. De pronto se llevó la mano a la boca y se le cortó la respiración: ¿y si a Frida le había sucedido algo malo? Entró en las últimas fotos que Frida había colgado, eran las del campamento. En casi todas salían Sandra o Martina o Hugo o Alicia o Nico haciendo algún pase en baloncesto, o surfeando alguna ola o abrazados a Frida. Lucía notaba como su respiración se aceleraba rápidamente, a punto estuvo de dar un puñetazo al teclado por lo impotente que se sentía.

Ya no sabía ni qué pensar. Era evidente que ahí sentada no iba a sacar nada en claro.

—Se acabó. Me marcho.

Se puso en pie decidida; no iba a perder más el tiempo, era hora de visitar a Frida y no iba a posponerlo más. Pero debió de levantarse con demasiada potencia, porque la silla acabó chocando contra la pared, lo que provocó un pequeño estruendo. Estruendo que no pasó desapercibido a su madre, quien aparentemente había vuelto a olvidarse de lo de llamar a la puerta y apareció en el cuarto de Lucía al tiempo que preguntaba:

—¿Qué ha pasado?

—Nada. Ha sido la silla, que...

—¿Y esa ropa? —la interrumpió atravesando directamente con la mirada la ropa que Lucía había dejado desordenada sobre la cama TEMPORALMENTE.

Lucía bajó la vista al suelo mientras se evaporaba toda la decisión que había alcanzado hacía un minuto.

—Ahora la guardo.

Después de que María cerrara la puerta, Lucía se dedicó a ordenar en el armario

la ropa limpia y a dejar en la cesta de la sucia la que tocaba, maldiciéndose por haber sido tan impetuosa. Se dio toda la prisa que pudo en arreglar su cuarto, quizá porque temía que si lo dilataba más tiempo acabaría por no ir a casa de Frida. De hecho, cuanto más lo pensaba, menos le apetecía...

8

No me digas más...

La voz del hermano mellizo de Frida resonó a través del altavoz del interfono y Lucía se pensó otra vez lo de darse media vuelta para volver a casa. No podía evitar pensar que Frida había sido la que había elegido alejarse de ellas sin motivo y que, encima, le tocaba a ella perseguirla para que regresara. Era un caso muy distinto al de Bea, y también al de Marta. Frida se había portado realmente mal.

—¿Hay alguien ahí? —insistió Dani.

—Soy Lucía. ¿Está Frida? —preguntó al fin. Ya que estaba allí, aunque fuera para echarle la bronca, subiría al piso de su amiga y le cantaría las cuarenta.

En cuanto sonó el timbre, Lucía empujó la puerta para entrar en el portal. Mientras subía en el ascensor imaginaba la discusión que estaba a punto de empezar: lo primero que le echaría en cara a Frida era si tan poco le importaban sus amigas para no responder al anuncio del violín perdido de Bea. A ver con qué excusa barata le salía...

Cuando se abrieron las puertas, se tropezó con Dani apoyado en la entrada de la casa con los brazos cruzados. Aunque el parecido con Frida era nulo (una alta y atlética, y el otro todo lo contrario), había algunos gestos que compartían y no podía negarlo ninguno de los dos.

—¿Qué tal, Dani?

—Aquí, de guardia. —Dani inclinaba la cabeza para hacerse el duro.

Ante la mirada llena de interrogantes de Lucía, Dani se explicó mejor:

—Frida está castigadísima y no puede salir de casa ni recibir visitas. Le han prohibido usar internet, el móvil...

Era evidente que Dani estaba disfrutando con su papel de defensor de la ley familiar.

—¿Y eso? ¿Qué ha pasado?

—Será mejor que te lo cuente ella...

—¿Me dejas pasar a verla?

Dani asintió, ruborizado, al tiempo que abría la puerta. Frida siempre le había dicho que su hermano estaba enamorado de ella, y la verdad era que cada año, en San Valentín, le regalaba alguna tarjeta original. Pero Lucía lo veía más como a un hermano o un primo que como otra cosa. Aun así, le gustaba ser amable con él, porque no era mal chico.

—Sí, te dejo porque eres tú, pero solo unos minutos. No quiero que mis padres la paguen conmigo también... No veas qué humos se gastan últimamente.

—Gracias, Dani.

—Está en su habitación. Ahora más conocida como «la cueva».

Le dedicó una cálida sonrisa antes de adentrarse en la casa de la familia de Frida, enfilar el pasillo y llegar hasta la puerta de la habitación de su amiga. Se planteó llamar antes, pero como todavía le duraba el enfado, acabó decidiendo no hacerlo para darse ese gustazo: a Frida eso la encendería seguro, pero ya puestas...

Bajó la manija y empujó, abriendo la puerta de par en par, pero Frida no cambió de posición (ni siquiera pareció percatarse de que Lucía había llegado): echada sobre la cama boca abajo, con un enorme vaso de helado y la cuchara metida en la boca. Su perro, Ricky, sentado a su lado, relamía las gotas que se deslizaban por el cartón del vaso. La televisión encendida proyectaba una película que no le sonaba y había ropa tirada por el suelo, la cama, la silla... La propia Frida tenía un aspecto bastante desmejorado: el pelo, que parecía sucio, estaba medio recogido en un moño mal hecho, con varios mechones caídos en desorden sobre el cuello, y llevaba un pijama, o mejor dicho dos, porque los pantalones cortos de rayas no pegaban nada con la camiseta de topos.

Lucía tuvo que aguantarse la risa, porque la verdad era que aquella visión era espeluznante. Se dio cuenta así, de golpe, de que se le había pasado el enfado que llevaba.

—Te veo bien.

La voz de Lucía hizo que Frida se volviera al fin hacia la puerta. Devolvió la cuchara al vaso de cartón y se puso de pie lentamente. Ricky no se separaba de ella por si se le caía más helado.

—Gracias, pero no hace falta que mientas.

—Estás horrible.

—Ya lo sé, pero paso. Total, no tengo ningún contacto con el mundo exterior...

Lucía se acercó a la cama. Tras retirar algunas prendas para hacer hueco, recorrió con mirada perpleja la habitación y se sentó.

—Ya me ha dicho Dani que te han castigado.

—Sí, de por vida. A este paso moriré sola en esta cueva. —Frida tomó asiento en la cama a cierta distancia de Lucía.

—No exageres.

—Si tú supieras... —Frida cogió a Ricky y comenzó a acariciarle el cuello esquivando la mirada de Lucía.

Lucía notó un deje triste en el tono de Frida y supo que su estado anímico era tan terrible como el físico. Quería saber qué le había pasado, pero no sabía ni cómo preguntar, ni si su amiga (si lo continuaba siendo) se lo querría contar. Sin embargo, estaba un pelín harta ya de dar tantas vueltas a todo lo que hacía, así que optó por recurrir a la determinación y al impulso que había alcanzado recientemente. Esa vez no tenía ninguna silla ni objeto peligroso alrededor que pudiera provocar algún estropicio peor del que ya había en esa habitación.

—¿Qué ha pasado, Frida? —preguntó mirando a su amiga y esperando a que ella hiciera lo mismo.

Frida se tomó unos segundos para responder y a Lucía se le hicieron interminables.

—Pasa que la he cagado, Lucía. Con todas vosotras, con mi familia...

Lucía respiró hondo por primera vez en muchos días y sintió que la invadía la calma. No por ver a su amiga sufrir (¡claro que no!, no era ninguna sádica), sino por descubrir que seguía siendo su amiga, la de toda la vida, Frida. Se acercó un poco a ella y le rodeó los hombros con el brazo. No iba a volver a preguntarle por lo sucedido, Frida se lo contaría cuando lo creyera oportuno. Lo único que debía hacer era demostrarle su apoyo, igual que había hecho con Bea, igual que habían hecho entre ellas siempre.

—Lo siento mucho —dijo Frida apartando al fin los ojos de Ricky y dirigiéndolos a Lucía. Estaban enrojecidos y una lágrima acababa de desprenderse hacia la mejilla.

—Tranquila.

Frida escondió la cara en los hombros de Lucía y se quedaron así, abrazadas, un rato, sin prisas (al menos hasta que Dani entró para advertirlas de que su tiempo «libre» se acababa, sus padres estaban a punto de regresar). Aunque Frida tenía fama de charlatana, ese día no lo fue, porque no hacía falta decir nada más. Las amigas habían vuelto a encontrarse.

9

Miss iuuuuuu!

El pitido del móvil la distrajo de la película que estaba viendo con su madre y José María. Después de la visita a Frida, había regresado a casa con un ánimo muy distinto y había anunciado a su madre que podía estar tranquila, porque había recuperado a sus amigas.

Ella había respondido:

—Así me gusta. No esperaba menos de ti.

Tras la cena, José María había propuesto ver la película que esa noche emitían en la tele, una de sus favoritas. Se llamaba *Náufrago*, y salía Tom Hanks perdido en una isla, donde tenía que buscarse la vida para dormir, comer y sobrevivir a todo tipo de desastres. Si Lucía quería ser una auténtica luchadora, podía aprender mucho de ese personaje: jamás hay que rendirse ante las adversidades. Seguro que su padre tenía alguna frase estupenda que proyectara ese mensaje.

Estiró el brazo desde la butaca en la que estaba hecha un ovillo y cogió el móvil de la mesa de centro, donde lo había dejado. Le sorprendió que fuera Eric quien le escribiera. No eran ni las once de la noche y cada día regresaba al hotel más tarde.

Miss iuuuuu!

Parecía que al fin el mundo se estaba posicionando a su favor. No solo arreglaba las cosas con sus amigas, sino que Eric volvía a estar pendiente de ella y no tanto de la paleta de Mía. El domingo había sido su cumpleaños y Lucía le había enviado un mensaje bastante tierno felicitándole: «Fliz cumpl al mjor novio dl univrso ntro!!». Le había salido así... Quizá su extraño encuentro con Adri había tenido que ver en que fuera más cariñosa que nunca, pero, desde luego, había funcionado.

Mi 2

respondió Lucía al mensaje que seguía iluminando su teléfono.

Ke tal tu dia?

Lucía le explicó brevemente las últimas novedades y después le preguntó a él por lo que había visto ese día. Eric le envió una foto del Coliseo romano y Lucía se aseguró de que la amiguita del alma de su novio no apareciera por ningún rincón. ¡Como debía ser!

Ke pasada!

A su lado se t v enano

Ntncs io m veria cm 1 ormiguita

Lucía se planteó preguntarle por Mía, pero prefirió no mencionar más ese nombre que le provocaba náuseas. En su lugar, continuó hablando con Eric sobre los demás sitios que había visitado. Y Eric también le dijo que le había comprado una tontería que le había recordado a ella. Y eso que el que acababa de pasar su cumpleaños era él. Claro que Lucía ya tenía su regalo preparado desde hacía tiempo: un collar hecho de varias conchas superbonitas que había recogido en Cádiz. ¡Ojalá le gustara!

Ke s? Ke s?

Lo vras cuando vuelva el dia 6

Resultaba que Eric regresaba el mismo día que ella grababa el anuncio... Lucía pensó que ojalá se le ocurriera ir a verla, sería todo un detalle. Pero no sería ella la que se lo pidiera, claro.

¡LAS COSAS NO IBAN ASÍ!

Lucía había asegurado a su madre que todo iba bien, pero la verdad era que todavía no había mencionado el tema del anuncio a Bea, Marta y Frida. Contando con que una de ellas tenía, además, que coger un avión desde Berlín, no podía seguir retrasándolo mucho. De momento parecía que el primer obstáculo estaba superado: su amistad. Faltaban otros tantos más, pero Lucía no se rendiría fácilmente. Lucharía como lo hacía Tom Hanks cada vez que parecía haber perdido la esperanza. Eso era justo lo que iba a hacer.

De: Marta (lapoetisamarta@hotmail.com)

Para: Lucía (let'sdance@hotmail.com), Frida (arriba-Frida@hotmail.com) y Bea (doremi@hotmail.com)

Asunto: Notis frescas!

Adjunto: rojo+rojo.jpg

Chicasssssssss:

No sabéis cuánto me alegro de que hayamos resuelto nuestros líos y enfados tontos. El Club de las Zapatillas Rojas vuelve a la cargaaa!!!!!

Y como nuestra primera misión es encontrar tu violín, Bea, os diré que tengo novedades IMPORTANTÍÍÍSSSIMAS: hoy mismo ha regresado el primo de mi padre al trabajo. Yessssss. Resulta que el violín podría estar en casa de Casimiro Sanjuán, el maquinista que conducía ese día el metro. Sus compañeros dicen que recuerdan haberlo visto cargado con una funda negra el último día que fue a trabajar, que resulta ser el día que desapareció el violín. Lo que pasa es que el pobre hombre está enfermo y el primo de mi padre no le consultará hasta que regrese de su baja. ¡Así que ya tenemos una pista! Espero poder informaros pronto de algo seguro.

Por cierto, ¿os habéis vuelto a poner vuestras zapatillas? Yo últimamente no me las quito. Mirad lo bien que quedan con las bermudas del mismo color que he llevado esta mañana para pasear con Kellen y Viveka por el Britzer Garten, un jardín maravilloso. La próxima vez que vengáis iremos a visitarlo sin falta. ¿Sabéis que tiene el reloj de sol más grande de Europa? ¡INCREÍBLE!

Os quierooooooo,

ZR4E!

10

Al fresquito del centro comercial

Había que celebrar como fuera que los padres de Frida se hubieran apiadado por su hija: ¡le habían levantado el castigo después de pasarse casi una semana encerrada en su habitación! Según parecía, nada más marcharse Lucía de su casa habían tenido una de esas conversaciones sinceras y Frida les había pedido perdón igual que había hecho con ella.

Lucía estaba feliz de que ZR4E fuera ya una realidad. ¡Estaba deseando recuperar la normalidad! Aunque Frida y Bea todavía no se hubieran visto cara a cara, ella ya las había puesto en antecedentes tanto a una como a la otra para que el reencuentro fuera lo más suave posible. Aun así, estaba tan nerviosa por ver cómo iba que esa mañana no le había entrado ni el desayuno.

Habían quedado en la puerta del centro comercial a media mañana para dar una vuelta y comer juntas en el *burguer*. Aunque Lucía se dio prisa para ser puntual (por una vez en su vida), cuando llegó, Frida ya estaba esperando.

—Llevaba tanto tiempo encerrada que necesitaba aire y me he venido caminando.

—¿Desde tu casa? —aulló Lucía. Frida vivía prácticamente en la otra punta de la ciudad.

—Uf, sí, y me ha ido de maravilla para hacer cachas. —Se dio unos manotazos en los muslos, que ni se inmutaron de lo tersos que estaban. La falda deportiva tampoco.

Lucía agradecía ver que su amiga hubiera recuperado el humor y su físico: su pelo moreno volvía a tener el brillo de siempre y estaba impecable, con ropa limpia y entallada. Ya solo faltaba por llegar Bea, que no les dio más que unos minutos de margen, porque enseguida apareció cruzando la calle con paso ligero y agarrando su bolso cruzado. Acababa de bajar del tranvía que tenía la parada enfrente. Al verlas, Bea se acercó a ellas aminorando el paso, con los labios un poco apretados.

—Hola —saludó ya a su altura.

—¡Hola, guapa! —Frida se arrojó sobre Bea para darle dos besos en las mejillas y un abrazo. Se notaba que también la había echado de menos.

Bea respondió agarrando el cuello de su amiga y cerrando los ojos sin dejar de sonreír. Al separarse, como era de esperar, tenía los ojos enrojecidos.

—¡Ya estamos con las ñoñerías! ¡Venga ya! Vamos a ver qué me he perdido por aquí mientras estaba recluida...

Frida cogió las manos de Bea y Lucía, y las arrastró al interior del centro comercial. Ellas la siguieron felices.

Como era pleno mes de agosto, casi no había gente. Sucedía en toda la ciudad, como si se hubiera producido una fuga general. En cuanto llegaba el día 1 la gente hacía el petate y buscaba destinos a su gusto para alejarse del ajetreo urbano. Los únicos sitios abarrotados eran la playa y el centro, donde abundaban los turistas con cámaras de fotos y pocas prisas. Como resultado, ponían de los nervios al que se cruzara con ellos. Conclusión: lo mejor era evitar lugares de ese tipo durante ese mes en concreto. Lucía no pisaba el centro de la ciudad desde que había empezado el verano. Aprendió la lección el año anterior por esas fechas cuando, despistada, se fue a mirar unos zapatos a la calle Pelayo y no consiguió pasar del quiosco de la esquina: casi ni había pisado la calle cuando tuvo que volver a meterse en el metro en dirección a casa. ¡¡¡NUNCA MÁS!!!

Las chicas pasearon por delante de los escaparates de Zara, Mango, Bershka... Y se lanzaron en Stradivarius. Después de los últimos acontecimientos, a ninguna le quedaba financiación para pensar en comprarse nada, a pesar de las rebajas, pero por lo menos se recreaban la vista y fantaseaban sobre cómo combinar un modelito con otro. Lucía y Frida hasta cogían alguna prenda para volver a dejarla después en la percha, pero no Bea, que tenía la cabeza en otras cosas.

—Con tantos gastos, como encima tenga que comprarme un violín, a mi madre le da algo...

—Eso no pasará —le respondió Frida, tajante, mientras echaba un vistazo a una sudadera de manga corta—. Mira, yo me he quedado sin paga gracias a mi estupidez y aquí estoy, cotilleando entre sudaderas sin mangas. Nunca entenderé para qué sirven...

—Por lo menos el Liceo me ha prestado uno para ir ensayando mientras.

—Hasta que encontremos el tuyo, que será muy pronto. Seguro que es el que llevaba el maquinista aquel día —le recordó Lucía ojeando una camisa de cuadros—. A mí no me han castigado y no he perdido ningún violín, pero el campamento se ha quedado con todos mis ahorros hasta Navidad...

Entonces a Lucía se le encendió la bombilla, como cuando le daba al interruptor de su cuarto en plena noche: por grabar el anuncio de Collister les iban a pagar algo de dinero a cada una. No sabía cuánto exactamente y no creía que fuera muchísimo, pero estaba segura de que esa noticia podría alegrarles más, si cabía, esa mañana estupenda. Decidió que no iba a encontrar ningún momento mejor para compartir con sus amigas la información que llevaba atormentándola desde que su madre se la había contado.

—Chicas, tengo que contaros una cosa.

—¿Qué? —preguntó primero Bea, que estaba más cerca. Frida se había adelantado hacia otra sección para analizar los pantalones.

—Frida —la llamó Lucía para que se acercara.

Se metió las manos en los bolsillos de la mini y esperó a que su amiga reaccionara, pero Frida tenía la atención puesta en el precio de unos pantalones deportivos. Lucía carraspeó fuerte esperando que la oyera, pero no había manera. La música de fondo estaba demasiado alta...

—¡Frida! —gritó al fin justo cuando acabó la canción.

Todas las dependientas y los cuatro gatos que había en la tienda se la quedaron mirando con curiosidad.

—¡Ay, nena, qué pasa! —protestó Frida como si se le hubiera ido la cabeza a Lucía.

—Que tengo que contaros una cosa importante —susurró entonces bajando la cabeza y dando la espalda a las miradas cotillas.

Se llevó a sus amigas fuera de la tienda y cuando estuvo lo suficientemente lejos de la música, que había empezado a atronar de nuevo, recuperó la voz para contarles la buena nueva... ¿Sería igual de buena y nueva para ellas?

—¿Os acordáis del casting para Collister que hicimos antes del verano?

Las dos amigas la miraban muy atentas sin atreverse a interrumpir. Asintieron en silencio moviendo las cabezas deprisa para que Lucía continuara hablando.

—Pues lo hemos ganado.

—¡¿¡¿Qué?!?!

A Frida se le escapó un grito que volvió a retumbar, pero esa vez en los pasillos del centro comercial. A ese paso no podrían volver a pasearse por allí...

—Que hemos...

—¡Ya te he oído! —la interrumpió Frida todavía con la voz demasiado alta.

—Entonces ¿por qué me preguntas? ¡¿Y por qué gritas tanto?!

—¡Porque he perdido el control de mi voz! ¡Es que es increíble! ¡Hemos ganado! ¡Madre mía!

Mientras tanto, Bea permanecía callada mirando a sus dos amigas.

—Entonces ¿te parece una buena noticia? —le preguntó Lucía todavía insegura.

—¿Buena? **¡FANTÁSTICA!** ¡Vamos a grabar un anuncio!

Frida se puso a brincar como loca allí mismo, levantando los brazos en el aire, saltando con una pierna, luego con la otra...

—¿A ti no te parece buena noticia? —se dirigió a Bea, que seguía como paralizada.

—No, sí, claro, pero... yo... ¿en la tele?

—Sí, pero acuérdate de cómo era la prueba. No quieren a gente guay y presumida, sino a unas buenas amigas, corrientes y unidas, como nosotras —le recordó Lucía.

A ella tampoco le gustaba la idea de parecer una engreída, ese era un papel que les iba al dedillo a Marisa y a las Pitiminís (qué gusto daba no verlas en todo el verano, por cierto...). Pero ella le había recalcado a su madre desde antes de hacer la prueba que si la imagen que debían dar era esa, no les interesaba. Así que no había confusión alguna.

—¿Y si se nos sube la fama a la cabeza? —Bea se cambió el bolso de hombro, se la veía todavía poco convencida.

—¿Qué fama? ¡Pero si es un anuncio, por el amor de Dios, no la alfombra roja de los Oscars! —Frida recuperaba poco a poco su tono de voz normal.

Bea comenzó a asentir y Lucía vio que también empezaba a sonreír. Se notaba que la noticia le iba gustando. Así que Lucía aprovechó para compartir con ellas todos los detalles: el día de la grabación, lo necesario que era que participara Marta también...

—¿Se lo has dicho ya? —quiso saber Bea.

—No, qué va. Primero os lo he dicho a vosotras. Tenemos que convencerla.

—Seguro que viene en el primer vuelo que encuentre —soltó Frida.

—Ojalá, si no no será lo mismo... —Bea frunció el ceño.

—Esta misma noche hablaremos en el chat las cuatro.

—¡Hecho! —respondieron Frida y Bea al unísono.

—Y ahora vamos a tomarnos un batido, que pronto tendremos que empezar a contar las calorías... —Frida las arrastró a las escaleras mecánicas.

—¡Ni de broma! —respondieron las otras dos, y comenzaron a fantasear sobre lo que significaría rodar ese anuncio.

Lucía les recordó que, además de pagarles algo **(¡SU PRIMER SUELDO!)**, les regalarían la ropa que llevaran puesta. La noticia les dio todavía más ideas a sus amigas. Quizá veían a alguien famoso en el rodaje, o las llamaban para otros anuncios porque quedaban deslumbrados con ellas... Se sentían capaces de todo.

11

Hablando de secretos...

Sentada delante de un batido de fresa, Lucía se vio capaz de confesar a sus amigas lo angustiada que había estado antes de contarles lo del anuncio. No sabía si querrían salir en él, si seguirían enfadadas eternamente, si la odiaban...

—Lo que pasa es que somos un poco tontainas a veces, pero lo bueno es que siempre volvemos a estar juntas, ¿no? —Frida sorbió de su batido de plátano y chocolate.

—Es lo que tiene ser las mejores amigas —respondió Bea, contenta ante su enorme batido de stracciatella.

Lucía asintió satisfecha, mordiendo la pajita. A ella ya no le quedaba ningún as en la manga, ningún secreto que compartir. Pero entre ellas sí había alguno todavía, pues Frida comenzó anunciando lo que estaba a punto de hacer.

—Puestas a compartir secretos, os voy a contar por qué he estado encerrada en la cueva casi una semana.

Bea y Lucía dejaron sus pajitas en las copas de cristal para centrar toda su atención en Frida. La observaron en silencio mientras su amiga echaba mano de la fuerza necesaria para explicar lo sucedido. Frida se rascó un brazo y después el otro, como buscando una manga que remangar, un gesto muy suyo. Se volvió para asegurarse de que no había nadie en aquella heladería que no debiera escuchar la historia. Al hacerlo trastabilló con la silla y por poco se cae de espaldas. Las chicas saltaron, literalmente, para cogerla de los brazos.

—Ha faltado poco... Acabo de tener una de esas sensaciones en las que crees haber vivido ese momento antes.

—Un *dejà vu* —Bea resolvió la duda y todas comprendieron a qué se refería.

Por suerte, ni Marisa ni ninguna Pitiminí andaba cerca para hacer alguno de sus trucos maliciosos. Aunque estaba visto que no necesitaban al grupo de guays del colegio para que alguien consiguiera hacerles daño...

Frida asintió, tragó saliva y su discurso:

—Quedé con Nico y los demás del grupo en ir a una playa que está perdida cerca de Girona para hacer surf. Nos llevaba un amigo suyo que era mayor y tenía coche. Así que fuimos todos juntos y estuvimos haciendo el cafre en las olas todo el día. Pues bueno, estaba tan concentrada yo con mi tabla que me desvié de la zona donde estaban todos y, cuando volví al punto de encuentro, ellos... se habían marchado.

Frida bajó la vista y volvió a rascarse los brazos. Se le notaba dolida y también avergonzada por lo ocurrido.

—¡¿Te dejaron tirada en el quinto pino?! —A Lucía le salió un bramido que atrajo las miradas de todo el local.

—No sé si en el quinto o en el decimosexto...

—Miserables... —Bea negaba con la cabeza.

Tanto Lucía como Bea notaron que Frida empezaba a animarse al ver su reacción. Como odiaban al grupo de Nico, probablemente esperaba que le reprocharan haber sido tan irresponsable para subirse en el coche de un desconocido e irse más allá de donde Cristo perdió la alpargata. Pero no era momento de sermones, sino de reunión y apoyo.

—¿Y cómo volviste a casa? —quiso saber Lucía, preocupada.

—Pues me costó... Solo había un autobús que pasaba cada dos horas y que daba una vuelta que no te imaginas. Así que en él me fui y llegué a casa pasada la medianoche. Os podéis imaginar las caras de mis padres al verme llegar a esas horas. Yo les había medio mentido diciéndoles que estaría en la playa con unos amigos, pero sin salir de Barcelona...

Bea se llevó las manos a la boca. Después posó una sobre el hombro de su amiga.

—Pobrecita, debiste de pasarlo fatal.

Frida le agradeció el gesto; aunque no era persona de carantoñas, los últimos días parecía recibir complacida cualquier tipo de afecto que ellas le ofrecieran.

—Pensaba que no iba a volver a salir de casa *never*.

—Tus padres son bastante comprensivos, mi madre probablemente me hubiera encerrado bajo llave y la hubiera tirado al Atlántico.

—Ese océano le queda un poco lejos, mejor al mar Mediterráneo, que está al lado...

—No, no, el Atlántico es más grande y sería más difícil encontrar la dichosa llave. Ella lo tiraría allí.

Las chicas se rieron, dejando a un lado el mal rollo que el recuerdo de Frida les había provocado: los del grupo de Nico eran unos indeseables y no querían volver a saber de ellos jamás. Como si Frida hubiera escuchado los pensamientos de Lucía, reveló:

—Al día siguiente me escribió Nico preguntando que dónde me había metido. ¡Encima! Ni siquiera le respondí.

—¿Te gustaba mucho? —se lanzó Lucía.

—Bueno, me lo pasaba bien con él y sus amigos, pero tampoco me mataba...

—¿Conseguiste olvidarte de mi hermano? —le preguntó Bea.

—Pues no... —confesó Frida con una sonrisa ladeada—. Pero imagino que él ya se habrá buscado a una inglesita de su edad.

—De eso no sé nada, a casa llama cada mil años y solo para pedir dinero.

—¿Ya no habláis por WhatsApp? —quiso saber Lucía.

Frida les explicó que desde que se había marchado a Londres, no. No solo era culpa de él, tampoco ella quería perseguirlo ni obligarlo a nada. Tenía que hacerse a la idea de que él la seguía viendo como a una niña pequeña.

—La verdad es que no quiero pensar en ningún chico ahora. Solo me apetece pasármelo bien con vosotras —acabó reconociendo Frida.

Bea y Lucía se quedaron mirándola enternecidas y Frida soltó:

—¡Nada de lloros! A ver si voy a tener que ponerme dura...

Las chicas se rieron, pero era evidente que Frida no tenía ganas de seguir dándole vueltas. Bea encontró la mejor manera para cambiar de tema.

—Yo llevo todo el verano hablando con Aitor, el hermano de Susana.

—¡¿Qué me estás contando?! —Frida saltó en la silla y estuvo a punto de caerse otra vez.

A Bea se le incendiaron las mejillas y comenzó a beber de su batido para bajar el sonrojo. Se acabó lo que le quedaba de un tirón y comenzó a hacer ruiditos en el fondo del vaso.

—¡Déjalo ya, que no te queda nada! Y cuéntanoslo todo —insistía Frida.

Con voz temblorosa, Bea comenzó a contar todo lo que ya le había explicado a Lucía: que el domingo volvía toda la familia de Susana y habían quedado en verse, pero que ella no lo tenía nada claro... Estaba convencida de que haría el ridículo y Aitor no le hablaría jamás.

—De eso nada, te ayudaremos a superarlo.

Frida respondió tal como Lucía había esperado y así, juntas, comenzaron a planear una estrategia para que Bea estuviera más que preparada cuando Aitor regresara del pueblo.

—Tienes que hablar con más chicos —le sugirió Frida.

—Venga ya —protestó Bea.

—Y lanzarte a hacerles arrumacos —propuso Lucía.

—¡¿Estás loca?! —se escandalizó Bea.

—¿Quieres superar tus miedos o no, nena? —le preguntó Lucía recordando eficaces palabras de ánimo que había aprendido de su padre.

Cuando Bea asintió, Frida y Lucía respondieron al unísono:

—¡Entonces chitón!

Ya hablaban y pensaban igual, de nuevo la telepatía había vuelto y todo era como siempre. ¡Sí!

LUCÍA: Marta, compra billets xa l dia 6!

FRIDA: Yessssss

BEA:

MARTA: ¿¿¿???

LUCÍA: GRABAMS SPOT COLLISTER!

MARTA:

FRIDA: Ns arems famosisisisisisimasss

MARTA: Xiks... NO CREO K PUEDA!!!

LUCÍA: ¿¿¿???

FRIDA: A kien tngo ke convncr?

BEA: M apunto!

MARTA: Tngo comida oficial n ksa d Kay

FRIDA: Pues kmbiala!

MARTA: Impossible! Sus padrs siempre
y an preparado ese dia n concreto xa que coma cn ellos...

LUCÍA: Xo t necesitamos...

BEA:

FRIDA: No ay nada ke acer?

MARTA: Intntare ablar cn Kay, xo dificil

FRIDA: ...

LUCÍA: Ufff...

BEA: Ke kk!!!!!!

12

El maravilloso mundo de la publi

—Me encanta pasear por la playa.
—¡Mira cómo brilla mi camiseta!
—Sí, a juego con el sol.
—Y con tus ojos.
—¡O con los tuyos!
—Uy, pero qué graciosa eres.
—No más que tú, nena.
RISAS...

Las chicas se quedaron observando a la madre de Lucía, que arrugaba la boca y releía el guión que acababan de interpretar. Cada pocos segundos, se colocaba un mechón detrás de la oreja, pero no decía nada de nada.

—¿Es así más o menos? —se atrevió a preguntar Lucía, viendo las expresiones abochornadas de sus amigas.

Habían quedado esa tarde en su casa para que María les diera algunas directrices sobre cómo debían actuar y, después de haber memorizado cada una las frases de un personaje (y repartido las del cuarto «ausente»), se habían animado a interpretarlo en la cocina delante de la madre de Lucía. Sabían que no era un público amable (el carácter de María era ya famoso en la escuela, el vecindario y en Barcelona en general), por lo que tampoco se habían dejado llevar por su papel en el anuncio... ¡Solo faltaba que las acusara de teatreras!

—Sí, pero os falta ensayar.

—Claro, mamá. ¡Es la primera vez que lo leemos!

—Y también os falta una persona...

Suspiraron las tres a la vez: el jarro de agua fría todavía las tenía totalmente heladas y chafadas. Marta ya les había advertido de que lo más probable era que no pudiera hacer el anuncio y ninguna se lo había tomado bien. Sobre todo porque María insistía en que el grupo se tenía que componer de cuatro, no de tres. Si querían entrar en el maravilloso mundo de la publicidad tenían que ser profesionales.

—Tendréis que sustituirla —anunció con voz sentenciosa lo que todas sabían que podía pasar.

El problema era que ninguna se imaginaba quién podía sustituir a Marta, porque ella era totalmente insustituible: su amiga de toda la vida no solo tenía un carácter ideal, vivaracho y *superhappy*, sino que su físico también era encantador y a los de la agencia de publicidad les había entusiasmado, con su melena rubia y su piel inmaculada... Así que tenían un grave problema.

—Vamos a mi cuarto.

Estaba visto que su madre no aportaría mucho más, solo estaba consiguiendo ponerlas más nerviosas. En la intimidad de su habitación podrían continuar el ensayo y, sobre todo, soltar cualquier cosa que se les pasara por la cabeza. Cogieron lo que les quedaba del sándwich de Nutella que estaban comiendo y los tazones de leche fresquita.

Con la puerta ya cerrada, Frida se sentó en la cama con Bea, y Lucía se puso a dar vueltas por el cuarto: parecía que quisiera batir algún record, porque, por mucho que sus amigas la miraban, ella seguía caminando sin cesar: ¡y eso que la habitación no era lo que se dice enorme! Además resoplaba por la boca de vez en cuando, parecía un toro a punto de salir al ruedo.

—¿Llegarás a los quinientos metros? Podemos apuntarte en alguna competición... —bromeó Frida para quitarle hierro al asunto.

Lucía negó con la cabeza y se paró de golpe frente a ellas.

—¡Es que no puedo creer que Marta nos haga esto! —Levantó las manos al techo.

Viendo que el volumen de su voz podía ir subiendo descontroladamente, se fue al equipo de música y dio al «Play». Passenger, con la voz melosa y armoniosa de su *Let Her Go* quizá conseguiría, además de apagar algo sus gritos para que su madre no los oyera, calmarla un poco...

—La verdad es que, después de todo lo que pasó en el campamento, era lo que menos me podía imaginar... —reconoció Bea con voz suave.

Jamás decía nada malo de nadie, pero aquello le había dolido tanto como a las demás.

—¿Que volviera a elegir a Kay por encima de nosotras? —preguntó Lucía con la boca apretada.

—Qué tendrán estos chicos que nos hacen perder la cabeza... —Frida se dejó caer de espaldas en la cama.

—Son lo peor.

—Nuestra vida era mucho más fácil sin ellos. —Lucía se sentó al fin en el suelo, a los pies de sus amigas, y cogió un cojín de la cama. Lo abrazó y escondió la cara en él.

Las tres se quedaron en silencio valorando la situación. Lucía recordaba cuando en los planes solo contaban ellas, cuando no tenían que exigir nada porque todo venía rodado y salía solo... Siempre es-

taban dispuestas a hacer algo juntas porque no se les ocurría una manera mejor de invertir el tiempo. Todo aquello parecía tan lejano... No había duda de que la ESO las estaba cambiando. Pronto empezarían segundo, y si primero había hecho esos estragos en su amistad, miedo le daba pensar lo que podía suceder en ese año... y en los siguientes.

—Yo voto por que ensayemos nosotras y demos el beneficio de la duda a Marta —anunció Frida.

—Tampoco ha dicho un no rotundo —se unió Bea.

Si Lucía había aprendido de sus errores y no los repetiría, a Marta podía acabar sucediéndole lo mismo y quizá cambiaría de opinión.

—¿Y si no lo hace? Hoy es miércoles. Quedan dos semanas justas para la grabación.

—Podemos darle unos días más, a ver... —sugirió Bea, y Lucía acabó aceptando esa posibilidad.

—¡Venga, al lío!

Frida se puso en pie de un salto y animó a las chicas a hacer lo mismo. Aunque con pocas ganas, todas cogieron su guión y eligieron de nuevo al personaje que interpretarían: una líder, una chistosa, una melosa... El cuarto personaje seguiría sin estar asignado por el momento, pero confiaban en que pronto tuviera dueña, y que Marta pudiera estar allí, ensayando con ellas.

13

Aitor es Aitor

Era viernes por la tarde y la semana se acababa, pero el violín de Bea seguía sin aparecer. Casimiro, el maquinista, continuaba de baja y todavía no había podido confirmar si lo que guardaba en su casa era un violín o un jamón de bellota, así que Bea no estaba tan tranquila como le gustaría. Lucía le enviaba mensajes de ánimo cada vez que se le ocurría algo gracioso que decirle y le aseguraba que más pronto que tarde su amado violín acabaría por aparecer, pero su amiga no las tenía todas con ella.

> Tu violin t spra tan ansioso como Aitor

Lucía no olvidaba que ese domingo regresaría Susana con su familia del pueblo. Estaba segura de que Bea tenía también muy presente la fecha, pero por si acaso quería recordárselo.

No s ke s peor

Prexat xa ponr n practik nuestras lccions

El miércoles, después de ensayar un rato el guión para el anuncio, habían salido de casa de Lucía para airearse un poco y habían acabado tomándose un helado sentadas en un banco de la plaza de detrás de su casa. Como era verano y el calor pegaba fuerte, en cuanto el sol empezaba a esconderse, la gente del barrio aprovechaba para salir a la calle y refrescarse lo poco que la humedad permitía. Así que la plaza estaba de lo más concurrida, con lo que, cuando acabaron sus helados, a Frida se le ocurrió que aquel era tan buen momento como cualquier otro para que Bea se deshiciera de sus vergüenzas y hablara con chicos de su edad sin que le diera un síncope.

—A las tres, un grupo de skaters. —Frida señaló a las posibles víctimas del experimento.

Se trataba de cuatro chicos que daban saltos con sus monopatines arriba y abajo, por los escalones, por la barandilla...

—¡Pero si está Luis! —Lucía reconoció a un compañero de clase.

No tenían mucha relación, pero era famoso porque cada vez que hacía un examen el pobre se pasaba la hora siguiente haciendo preguntas a los demás sobre las respuestas para valorar sus aciertos. No era lo que se dice un lumbreras...

—¡Ni hablar! Aún me atropellarán y todo —dijo Bea poniéndose toda colorada.

—Ya empezamos... —Frida entornó los ojos.

—Así no vamos a conseguir nada, nena. Es hora de actuar. YA. —Lucía se levantó y ofreció la mano a su amiga.

Bea se quedó callada un rato mirando al suelo. Después tomó aire, como para coger también fuerzas, y, asintiendo con la cabeza, aceptó la mano de Lucía.

—¡Eso es! Vamosss. —Frida comenzó a darle ánimos, acostumbrada a la energía del equipo de vóley.

Se notaba que echaba de menos los entrenamientos y partidos, que se habían paralizado con el verano, porque cada vez que tenía oportunidad echaba mano de palabras llenas de deportividad.

—Eres la mejor, Bea, tú puedes. No tengas dudas. Si quieres, lo conseguirás, nada se interpondrá entre tú y tu objetivo...

Cuando Lucía empezó a mirarla raro para darle a entender que se estaba pasando con el numerito,

Frida levantó la mano, reconociéndolo, y se calló. Tras comprobar que Bea no tenía ningún resto de helado en la boca o en la ropa, las tres caminaron juntas hacia los skaters. Frida fue la primera en hablar sin tapujos; si Bea era la tímida, ella era justo lo opuesto: podían tirarle de la lengua durante horas, que no se cansaba.

—¿Qué pasa, Luis? ¿Haciendo unos saltos?

—¡Frida! Te veo ágil, ¿quieres probar? —Luis le ofreció su monopatín y Frida no dudó en plantarse encima y darse un par de vueltas por la plaza. Y es que no había deporte que se le resistiera...

—¿Qué tal el verano, Lucía?

—Bien, algo ajetreado. De campamento, rodando anuncios... —Le guiñó un ojo como vacilándole y, cuando Luis le preguntó por lo del anuncio, ella se lo contó todo.

El chico comenzó a dar saltos y empujones a sus otros amigos, diciendo que al fin podría decir que conocía a una famosa, y los demás se rieron despreocupados. Lucía añadió que si se portaba bien le firmaría un autógrafo, quién sabía, quizá en unos años valía millones y le hacían rico. ¡Ojalá! Más carcajadas... Entonces Lucía le dio un codazo a Bea para que aprovechara la oportunidad y se lanzara de una vez.

Bea carraspeó para aclararse la voz.

-Además... Además es muy posible, casi seguro, vaya, que Collister, ya sabéis, la marca, que es americana, de... de California, creo... nos regale la ropa que usemos, bueno, que no estará usada, claro, será nueva, sin estrenar, sin etiquetas, porque no saldrá de una tienda, pero nueva... Nos la darán para el anuncio y luego será nuestra, quiero decir, que nos la podremos llevar a casa y, bueno, que nadie nos acusará de robarla...

Bea remató la verborrea sin sentido con una sonrisa tímida y un enrojecimiento de cara al completo.

Lucía sintió auténtica lástima al verla tan apurada y, para aplacar la tensión entre ellas y los chicos, añadió:

—¡Y si no nos la dan, no me la quito y ya está!

Todos volvieron a reírse y justo en ese momento regresó Frida para devolver a Luis el monopatín.

—Yo le fijaría un poco más las ruedas, pero mola.

Así se desvió la conversación por derroteros muy distintos. Luis llamó a Frida chapuzas por proponer algo así, y después de discutir sobre cómo debían ser las ruedas de un monopatín, se despidieron de ellos para volver al banco del que habían salido.

Bea negaba con la cabeza y Lucía se le adelantó:

—No ha estado tan mal. No te has quedado muda, has hablado un montón.

—Sí, ¡pero de tonterías!

—La próxima vez irá mejor —la animó Frida, que, aunque no había estado presente, por la expresión de su amiga podía adivinar que el experimento no había salido demasiado bien.

—¡No habrá próxima vez!

Así había acabado la discusión, pero Lucía no se rendía y pensaba seguir pinchando a Bea para que no pasara de Aitor por una tontería. Por eso volvió a recordarle con un whatsapp que Aitor no era ni Luis ni ningún otro chico que conociera.

Cn Aitor t saldr ok

Ojala...

A Lucía le sonó otro whatsapp y tras abrir la respuesta de Bea, vio que le había entrado otro: un número que no tenía memorizado en la agenda. Al abrir mensaje se quedó ALUCINADA.

Cm va la buskeda dl violin? Adri

Notó como se le retorcía por completo el estómago. ¿Por qué le ocurría eso? ¡Si no lo conocía de nada! A ese paso se iba a parecer a Bea más de lo que pensaba... Se fue a la ventana de su habitación para que le diera un poco de aire y se recogió la melena en un moño alto con una pinza. Estuvo un rato releyendo el mensaje mientras se pasaba la mano libre por el cuello, la cara... ¿Qué hacía? ¿Le respondía?

Hola! Mal...

Lo leyó una vez, después otra... No iba a entretenerse en explicar que tenían una posible pista, pero que no había nada seguro. ¿Era infantil? ¿O demasiado sintético? ¿Añadía su nombre? Pero si él ya tenía su número, no hacía falta, ¿no? Pulsó enviar y fijó sus ojos en la pantalla como si así pudiera atravesarla y ver cuál sería la reacción de Adri al leer su mensaje. A los pocos segundos pudo comprobarlo por ella misma.

M das + krtls? Asi t ayudo

¿Más carteles? Pero... eso implicaba ir a la parada de metro donde él tocaba y verlo en persona. Lucía comenzó a caminar por la habitación, de una punta a la otra. Parecía que últimamente era una práctica que repetía demasiado, la de caminar como una chiflada. ¿Por qué no iba a darle a Adri más carteles? En realidad solo se estaba ofreciendo a ayudarla y, si así contribuía a que apareciera el violín de Bea, merecía la pena: su amiga estaba pasando un mal momento y realmente lo necesitaba.

Notó como le temblaban las manos y hasta las pestañas mientras intentaba teclear en su móvil la respuesta:

Ok! N 1 ora stoy alli

Aki t spero

Lucía respiró hondo y se preparó para pasar una tarde de lo más rara.

14
Canta conmigo esta canción

Reconoció la canción de la otra vez en cuanto se abrieron las puertas de su vagón: *Wish You Where Here*. Lucía se preguntó si para Adri ese tema tendría un significado especial o si, simplemente, era el que mejor tocaba y por eso lo repetía a menudo. Quizá no se sabía ninguno más... Atravesada ya la barrera, aceleró el paso por el pasillo que conducía a las escaleras que daban al exterior del metro. Notaba como el corazón le latía deprisa, ¡vaya bobada! Si solo iba a dejarle más carteles para que la ayudara a encontrar el violín de su amiga, ¿por qué se ponía nerviosa? Sacudió la cabeza como si eso fuera a acabar con el pensamiento que prefería ignorar: que Adri le gustaba un poco y que no le importaba nada verlo otra vez. Aferró con fuerza la correa de su bolso bandolera y se concentró en no pensar más tonterías.

—¡Hola! —la saludó Adri en cuanto la vio.

Estaba guapísimo: esa vez se había quitado la camisa de cuadros y solo llevaba la de tirantes negra con las bermudas. Y ese anillo que le quedaba tan bien... Ni siquiera acabó de tocar el tema. Dejó el saxofón a un lado y se acercó a Lucía... ¡No podía ser! Iba a darle dos besos, como si se conocieran de toda la vida. Lucía tragó saliva y aguantó la respiración: había sido tonta al no ponerse la colonia que mejor olía del mundo, la de Amor Amor, de Cacharel... ¡Cómo le gustaba el anuncio, con el chico y la chica tan cerca! ¡Era superromántico! Pero se la había comprado su madre en recompensa por las notas que se había currado en primero de ESO y la guardaba para momentos especiales. Quizá ese momento sí que era un poco especial... ¡Aich! ¡Qué rabia! Adri le dio un beso en una mejilla y después en la otra, no un beso de refilón, sino de los que se pegan bien, echándole morro, de hecho. Lucía ladeó un poco la cabeza porque se sentía de lo más intimidada. Aunque desconocía la edad del chico, cada vez tenía más claro que era bastante mayor que ella. Se le veía tan experimentado, tan independiente...

—¿Preparada?

—¿Preparada para qué?

—Para repartir carteles conmigo.

—Yo pensaba que...

Mientras sacaba los carteles del bolso, Lucía fue a explicarle que ella solo se los había llevado y que prefería que se encargara él de repartirlos por su cuenta, pero le pareció que sonaría como si fuera una caradura y se echó atrás.

—¿No tienes que tocar más? —acabó preguntando mientras le daba la mitad del fajo de papeles y se quedaba ella con la otra parte.

Adri comenzó a reírse como si hubiera dicho la cosa más graciosa del mundo, y toda su cara, **TODA**, se iluminó con una sonrisa tan encantadora y contagiosa que Lucía empezó a reírse también sin conocer el motivo. ¿Había contado un chiste sin darse cuenta?

—Yo toco cuando y lo que quiero. No tengo que rendir cuentas a nadie.

—¿Y estás aquí todo el día?

—No tengo horarios, según como me pille.

Adri guardó el saxo en la funda y las monedas que había recogido en el bolsillo, y en un momento estuvo preparado. Juntos comenzaron a ascender las escaleras para salir al exterior. Se cruzaron con un matrimonio mayor y Adri no dudó en acercarse a ellos para entregarles, echando mano de palabras amables, uno de los carteles con la funda del violín de Bea. El hombre y la mujer prometieron llamar al teléfono indicado si veían algo que les fuera de utilidad. Después se despidieron todo sonrisas: el efecto Adri.

—Pero tocar el saxo aquí es como tu trabajo, ¿no? —dijo Lucía, intentando continuar con la conversación. Le apetecía saber más cosas sobre ese chico tan extraño.

Adri volvió a reírse y Lucía se sonrojó: no sabía que resultara tan chistosa.

—Yo no lo llamaría trabajo. Me encanta tocar el saxo y siempre es mejor hacerlo para que alguien me escuche.

—Perdona, pensaba que... —Si hubiera tenido una bufanda, un sombrero o una pared para esconderse lo habría usado.

—¿Que vivía en la calle y me ganaba la vida tocando en el metro?

Adri la miraba desde su altura, con esas pestañas tan largas y esos ojos tan intensos, de tal manera que obligó a Lucía a apartar los suyos para clavarlos en el suelo. Quizá así sus pies no se tropezarían con todos los escalones.

—Algo así —confesó avergonzada.

El chico quitó importancia a su ignorancia aclarándole que conseguía muy pocos euros en sus sesiones subterráneas.

Ya en el parque, Lucía entregó un cartel a un grupo de chicas que le dedicaron una mueca de envidia después de mirar descaradamente a su acompañante. Si ellas supieran... Pero sin prestarles atención siquiera, Adri comenzó a hablarle muy serio de todos los músicos que habían comenzado tocando en el metro o en algún parque de la ciudad y después se habían ganado un nombre gracias al trabajo duro y a que alguien los descubriera. Él no perseguía eso, no buscaba sacar dinero de algo que consideraba tan importante como respirar; él tocaba porque no podía vivir sin tocar.

—Oye, ¿qué edad te crees que tengo? —le preguntó de pronto guiñándole un ojo.

Lucía carraspeó antes de responder. Además de que adivinar los años se le daba fatal, no quería seguir haciendo el ridículo...

—¿Diecisiete?

—¡¿Tan viejo parezco?! —comenzó a carcajearse otra vez y cuando acabó añadió—: Bueno, casi, tengo dieciséis años... Así que todavía vivo con mis padres y no tengo que ganarme la vida yo solo. Pero sí que trabajo en algo para pagarme mis gastos...

—¿En qué?

—Soy camarero. —Adri abrió las manos como para dar énfasis.

—La realidad siempre es más aburrida, ¿verdad? —añadió a continuación, antes de alejarse para seguir a una familia que paseaba tranquilamente por el parque.

En la distancia, Lucía percibió como les entregaba un cartel y, de paso, les arrancaba varias sonrisas; sobre todo a la madre y a la hija pequeña. Lucía se quedó mirando la escena como un pasmarote. Se notaba que el chico no tenía pelos en la lengua. Su manera de ver las cosas le despertaba una gran curiosidad y quería continuar conociéndolo. Por eso cuando Adri regresó y le propuso comprar algo de beber en el chiringuito para seguir repartiendo carteles sin deshidratarse, ella aceptó encantada.

—¿Y tú a qué te dedicas? —preguntó él después de dar un sorbo a su Coca-Cola.

Lucía se atragantó con su Fanta de naranja y a punto estuvo de sacarla por la nariz en plan aspersor total. ¿Cómo que a qué se dedicaba? ¡Si solo tenía trece años!

—Me refiero a aparte de estudiar en la escuela, claro —resolvió Adri con expresión divertida al ver el poema en el que se había convertido la cara de Lucía. Tenía Fanta por todas partes...

—Pues no sé...

Lucía no sabía qué responder a eso. Cuando se hubo limpiado con un clínex el estropicio, pensó en qué era aquello que más le gustaba hacer, tanto como a Adri tocar su saxofón.

—Voy a clases de danza, pero lo que más me gusta es dibujar, creo.

—Ah, ¿sí? —Adri abrió mucho los ojos, la mar de interesado—. ¿Vas a una academia de arte/dibujo?

Lucía le explicó que nunca había ido a clases de dibujo, que había aprendido ella sola. Se podía pasar horas dibujando y pintando. A la gente le gustaban sus dibujos, pero aunque no fuera así, ella habría seguido haciéndolos, porque le salían solos.

—Ese corazón lo hice yo, por ejemplo. —Señaló la funda del violín de Bea, en el cartel.

Adri observó con detenimiento el corazón y después comenzó a asentir con la cabeza frunciendo la boca, como si se asegurase de algo.

—Nos parecemos más de lo que crees, Lucía. Cantamos la misma canción —soltó de pronto, y a Lucía se le puso la cara roja como un tomate bien maduro.

Así que aprovechó para acercarse a las únicas personas que pasaban cerca en ese momento: unas señoras cargadas de bolsas hasta las cejas a las que quiso endosar un cartel. Como no tenían ninguna mano libre, tuvo que acabar metiendo el papelito en una de las bolsas y volver al lado de Adri más avergonzada de lo que se había marchado.

—Veo que no te rindes —dijo él al verla llegar con la piel otra vez de su color.

Arrugó la frente, sin entender a qué se refería, y él debió de comprender, porque respondió:

—No has parado hasta que has conseguido dejar uno de los carteles. Me gusta.

Lucía tragó saliva y respondió con evasivas, porque no sabía qué más decir o hacer. Dio otro trago a su refresco y se acabó lo que le quedaba. Tampoco Adri parecía tener nada más que aportar, algo de lo más insólito considerando que hasta ese momento había sido incapaz de cerrar la boca. Lucía se preguntó si habría dicho algo que le hubiera sentado mal o incomodado, pero, como tampoco sabía qué añadir para mejorar la situación, optó por el silencio. Así, continuaron los dos caminando callados, como ausentes. Adri sonreía de vez en cuando, pero no decía nada, aunque Lucía era una experta en miraditas y captaba de reojo que la miraba cada dos por tres. Además, notaba el roce de su brazo sobre el suyo hasta que volvían a separarse lo suficiente... ¿Qué estaba pasando? Incordiaban a algún que otro desconocido con sus carteles y después regresaban a lo mismo, una situación de lo más incómoda. Lucía se convenció de que Adri estaba deseando marcharse a su casa o a tocar su saxo, o a servir alguna mesa, con tal de no seguir en su compañía y con esa misión que ni siquiera le concernía. Así que decidió que era hora de cortar por lo sano.

Se miró el reloj como si hasta ese momento no se hubiera acordado de que llevaba uno en la muñeca y soltó:

—Uyyyy...

¡Pero si son las seis! Me tengo que ir, he quedado y ya llego tarde, lo siento.

—No te preocupes.

—¿Quieres los carteles que me quedan o me los llevo?

—No, no, déjamelos. Seguiré repartiendo estos días.

Lucía se lo agradeció y después pensó en cuál era la mejor manera de despedirse de ese chico al que apenas conocía, pero al que tantos quebraderos de cabeza le estaba provocando.

—Bueno, pues nada...

Adri la sacó de toda duda acercándose para darle de nuevo un beso en cada mejilla. Igual de completos que antes.

—Gracias por todo —dijo ella, separándose de él.

Entonces Adri respondió algo que la descolocó del todo.

—Un placer. Espero volver a verte muy pronto, Lucía.

Le dedicó una de esas sonrisas que dejan sin respiración. Y, por si fuera poco, con un gesto de lo más natural le cogió la mano y se quedó mirando sus pulseras de hilos antes de soltarla.

A Lucía debió de quedársele el cerebro sin oxígeno, porque cuando giró sobre sus pies para escapar de allí, no sabía en qué dirección tenía que ir. Después de mirar a un lado y al otro, totalmente desorientada, decidió seguir recto y reflexionar sobre cómo llegar a casa más adelante, cuando estuviera lo suficientemente lejos de la mirada penetrante de Adri.

BEA: 16 años!!! Ke mayoooorrr

FRIDA: Bah... mns ke Marcos.

BEA:

FRIDA: Sta bueno?

LUCÍA: Ufff

FRIDA:

MARTA: Xo s d fiar?

LUCÍA: 1 poco tocon!

BEA: Y Eric?

LUCÍA: Ke psa cn Eric?

MARTA: Ke l tas ngañando!!!!!

LUCÍA: Xo si no e exo na!

BEA: A mi ste m parc un kradura...

LUCÍA: PQ???

BEA: Muy lanzado cn ls bsos y todo, kiere algo sguro...

FRIDA: Xo lo as psdo bien?

LUCÍA: Yes! Xo l final a sido raro...

MARTA: Toy cn Bea! Xarce ke sabe dmasiado...

LUCÍA: Ok

BEA: Llama a Eric, ke s tu novio!

LUCÍA: Ok

FRIDA: Xo guarda l numro d Adri

LUCÍA: JAJAJA

MARTA: Luego t arrpntiras...

BEA: Eric s bueno...

FRIDA: No sta mal l xico...

LUCÍA: OK! Sere 1

BEA:

LUCÍA: Thanks!

MARTA: Kay m a rgaldo 1 corazn x nuestro 2º ms juntos

LUCÍA: Ke tal tu dsobsesion?

MARTA: Toy n ello! Ya no l veo tdos los dias...

FRIDA: Kellen y Viveka staran contentos!

MARTA: Malaaaaaaaaa!!!!!! Si, tan contents. Mañana nos vamos d xcursion ls 3.

BEA: ¿¿¿???

MARTA: Potsdam! Adjunto foto!

LUCÍA:

FRIDA: Molaaa

BEA: Bonitos palacios!!!

MARTA: Inspiradors!!!

LUCÍA: Az muxas fotos!!!

MARTA: Of courseee!!!

BEA: ZR4E!!!

15

Pizza para dos

Lucía apagó el ordenador y se tiró sobre la cama. Había sido un día muy laaargo... Cogió su bloc de dibujo y el lápiz, y comenzó a dibujar de memoria la cara del que era su novio, aunque estuviera tan lejos (en todos los sentidos). Ese pelo medio largo y muy rubio que tanto le gustaba, esos ojos verdes que la hacían volar cuando la miraban, esa barbilla redondeada y perfecta... ¡Cómo lo echaba de menos! Cuando quiso darse cuenta era ya completamente de noche y, a pesar de que dibujar normalmente lograba trasladarla a otra galaxia, seguía superinquieta, como si hubiera cientos de hormiguitas recorriéndole las piernas y los brazos; le costaba estarse quieta. Dejó el lápiz y el bloc en el suelo y comenzó a mover las piernas en el aire como en una bicicleta invisible; quizá así conseguía relajarse. Por la ventana, además del ruido de los coches, entraba una brisa muy suave. Agosto estaba llegando a su fin y parecía que el calor asfixiante remitía un poco. Cuando se hubo cansado lo suficiente, dejó caer las piernas sobre la cama y se quedó así, con los ojos cerrados, permitiéndose disfrutar del frescor. De su equipo de música sonaban Imagine Dragons y su *It's Time*.

Después de compartir con las chicas lo sucedido con Adri, Lucía se convenció de que el chico tenía un morro muy grande y de que no le convenía continuar pensando en él en absoluto porque su novio era Eric y tenía que respetarlo. Así que siguió su consejo, porque para ella valía más que el que pudiera darle cualquier otra persona (incluida ella misma). Como decía

la canción que sonaba en su cuarto, era hora de empezar. Lucía se incorporó en la cama, se colocó tres cojines detrás, se apoyó en la pared y recuperó el móvil que tenía escondido en el bolsillo. Navegó entre los mensajes de WhatsApp y también comprobó que no tenía ningún mail ni aviso de Tuenti antes de entrar en la agenda y seleccionar el número que iba a marcar.

No hablaba con Eric desde que le había enviado la foto del Coliseo el lunes. Había estado muy cariñoso con ella, pero después no habían vuelto a escribirse y ya era viernes. Quizá porque no sabía nada de él, estaba experimentando esa confusión con Adri... Sin pensárselo más, cogió aire y pulsó «Llamada». Era la primera vez que llamaba a Eric desde que se había marchado a Italia. Sabía que las tarifas se encarecían y que tanto él como ella provocarían un pequeño disgusto a sus padres por el precio extra, pero por un día... Necesitaba hablar con él para quitarse los pájaros de la cabeza, así que calificó el caso como de **URGENTE**.

Al otro lado sonó un tono, después otro y otro... Lucía notaba que el corazón se le aceleraba por momentos. ¿Por qué se ponía así? Ni que acabara de conocerle, ¡pero si llevaban saliendo juntos desde Semana Santa! Al fin escuchó el clic que indicaba que alguien descolgaba el teléfono. Esperó ansiosa escuchar la bonita voz de Eric al otro lado, ni muy grave ni muy aguda, que a ella le recordaba a la de un locutor de radio. Pero en lugar de sonar esa voz masculina, una femenina dijo:

—¿Sí?

Lucía se quedó muda. ¡¿QUIÉN NARICES ERA ESA?! La respuesta le vino a la mente como con flechas de neón apuntándola directamente: Mía.

—¿Eric? —¿Qué otra cosa podía decir? Se sentía tan estúpida...

—No. ¿Eres Lucía?

Eso sí que no se lo esperaba. Lucía se puso de pie y se acercó a la ventana, porque había dejado de notar la brisa y se asfixiaba.

—Sí, soy Lucía. ¿Tú eres Mía?

—Exacto. La mejor amiga de Eric.

—Sí, ya...

Lucía no encontraba las palabras para decir lo que realmente pensaba: ¿por qué tenía que coger el móvil de su novio? Y lo más importante: ¿dónde estaba él? Como si la hubiera escuchado a través de las ondas y de los kilómetros que las separaban, Mía respondió:

—Eric está en el lavabo. Nos hemos escapado los dos para cenar en una pizzería al lado del hotel.

Lucía oyó una risa al otro lado que no le gustó nada.

—Qué bien. —Sin querer (bueno, quizá sí lo quería), le salió un tonillo de lo más sarcástico que Mía ignoró.

—Sí, ¡hacen una pizza fabulosa!

—Pues nada... —empezó a despedirse Lucía, que ya no tenía ningunas ganas de hablar ni con Eric ni con nadie.

—¡Ya te llamará!

—Estupendo.

—*Ciaooo!*

Sin despedirse, Lucía colgó el teléfono. De paso, lo apagó también. No le apetecía nada estar esperando el mensaje o la llamada de respuesta de Eric...

¡Estaba harta!

Tenía ganas de ponerse a gritar, pero su madre acudiría rápidamente a estropearle el momento de liberación, así que contuvo los gritos cogiendo el dibujo de él que acababa de hacer y rompiéndolo en pedacitos. Como no tuvo suficiente, después recurrió a los puños y los cojines. Se fue directa a ellos y comenzó a darles golpes todo lo fuerte que pudo. Mientras lo hacía pensaba en que ya no estaba tan segura de que Adri fuera un caradura con sus besos pegajosos, sus caricias sin avisar y sus miradas penetrantes; le parecía mucho más acertado afirmar que todos los chicos del mundo mundial eran igual de jetas. Acabó con tales agujetas en los brazos y en las manos que, a pesar de todas sus preocupaciones, esa noche durmió como si volviera a ser un bebé y los chicos hubieran desaparecido del planeta.

16

Charlas de piscina

A esas horas de la tarde, la piscina de la comunidad de vecinos de Frida estaba casi vacía. Niños y madres habían regresado a sus casas para empezar a prepararse para la cena y solo quedaban las chicas, sentadas en círculo sobre sus toallas en un rincón del jardín. El sol era ya muy suave y apenas calentaba, pero estaban todas tan a gusto que no les apetecía nada volver a casa. Había mil cosas que contar... Susana acababa de regresar de Escuderos y llevaban varias horas compartiendo con ella todas las novedades de antes, durante y después del campamento.

—Me dejáis a cuadros... Y yo todo el verano aburrida en el pueblo. ¡Qué envidia me dais! —exclamó, moviendo en el aire las manos, llenas de pulseras y anillos.

—Si por lo menos nos hubieran pasado cosas buenas... —Frida desvió la vista del círculo.

Se echó hacia atrás en la toalla.

Era evidente que su historia con Nico y los demás todavía le afectaba, aunque pasara de sacar más el tema. Solía decir que las cosas, si no tienen arreglo, hay que dejarlas rotas. Y esa historia estaba indiscutiblemente rotísima.

—Lo importante es que todo se ha arreglado. O casi —respondió mirando a Bea por el asunto del violín. Deseó que el maquinista tuviera el violín bien guardado en su casa...

—Menos lo del anuncio —gruñó Lucía.

—Esperad un poco, Marta todavía os puede sorprender. —Susana se mordió el piercing del labio con aire pensativo.

—Para bien o para mal —dijo Frida.

—Que sea para bien, porfa —siguió Bea.

Al ver que el ánimo decaía, Susana trató de animarlas dando varias palmadas:

—¡Bueno, basta ya de melodramas! Vuestra vida sí que es interesante. Yo no sé que habría hecho estos dos meses si no hubiera sido por mi hermano...

Bea se removió en su toalla y debió de experimentar tal escalofrío que la obligó a ponerse la camiseta.

—¿Tienes frío? —le preguntó Susana.

—Sí, un poco. —Bea evitaba mirarla directamente a los ojos.

—Yo también. —Lucía no quiso dejar sola a su amiga.

Ninguna sabía si Aitor había compartido con su hermana las conversaciones que llevaban manteniendo él y Bea todo el verano...

—Si quieres llamo a mi hermano para que venga a darte calorcito.

Susana le sacó la lengua a Bea, que abrió de golpe los ojos como si fueran los de un muñeco. Frida acercó la oreja a su boca para asegurarse de que respiraba.

—Venga, Bea, no pasa nada. Ya os he dicho que entre mi hermano y yo no hay secretos.

Bea se estaba poniendo ya también los pantalones: Lucía se fijó en que tenía toda la piel de gallina.

—¿Qué te ha dicho exactamente? —Bea se hizo una coleta para que el pelo mojado no le empapara también la camiseta.

Susana le explicó, sin añadir más bromas, que Aitor solo le había contado cuánto le gustaba hablar con ella por WhatsApp, que tenían muchísimas cosas en común y... que estaba deseando regresar del pueblo para quedar con ella.

Inmediatamente, las mejillas de Bea se pusieron rojísimas y ella se llevó las manos a la cara para tapárselas.

—¿Ves? Es que no puedo... ¡No puedo controlarlo! —explotó levantando la voz, exasperada.

—Relájate, si ya habéis hablado un montón —intentó tranquilizarla Susana.

—¡Por WhatsApp! —continuó Bea a voz en grito. Comenzó a menear la cabeza para rechazar la posibilidad que Susana le estaba sugiriendo.

¡JAMÁS IBA A QUEDAR CON AITOR!

Bea explicó que él le había escrito esa misma mañana, cuando estaban llegando a Barcelona, y le había preguntado cuándo podrían verse. Le apetecía mucho verlo, MUCHÍSIMO, pero no quería fastidiarlo. Había llegado el momento de aceptar que ella jamás podría salir con un chico...

—Además, tampoco puedo quedar, estoy a tope con los ensayos para el concierto de final del verano. Así que... —zanjó el asunto.

Lucía comprendió que su amiga estaba saturada: no habían conseguido ningún avance por mucho que lo habían intentado empujándola a hablar con chicos esa última semana. Así que desvió la conversación hacia otro chico, para que Bea pudiera respirar en paz y Susana dejara de atosigarla.

—Pues yo me he propuesto no pensar en Eric.

Compartió con ellas lo que había sucedido el viernes cuando intentó llamarlo. No volvió a encender el teléfono hasta el sábado por la mañana, cuando se encontró varios whatsapps de él preguntándole por qué lo había apagado y si se había enfadado. Pero Lucía no había tenido ganas de hablar con él sintiéndose tan estúpida y alterada. Así que se había ido con su padre, Lorena y Aitana a comprar cosas para el bebé sin nombre. Y después había ayudado a David a pintar de color verde manzana la que sería la habitación del recién nacido. Había sido *díver* y bastante instructivo: después de cubrir de cinta de carrocero y plástico el suelo, los rodapiés y las ventanas, se habían armado cada uno con un rodillo... ¡Se le pasó la tarde en un pispás! Padre e hija acabaron tan embadurnados de verde que podrían haberse camuflado en la pared y nadie se hubiera dado cuenta... Por la noche, cuando ya se sintió lo suficientemente relajada, respondió a los whatsapps de Eric analizándolos letra por letra antes de pulsar el botón de «Enviar».

—¿Qué le dijiste? ¿Le echaste el broncote del siglo? —Susana se abalanzó sobre su toalla, sedienta de información.

—No. Le dije que me había quedado dormida y no había visto sus mensajes y llamadas, y que se lo siguiera pasando tan bien.

—¿Qué vas a hacer? —quiso saber Frida.

—Lo mismo que él, lo que me dé la gana. —Se encogió de hombros.

—Pero no sabes si ha hecho algo malo —reconoció Bea.

—Tampoco sé si ha hecho algo bueno.

—Mientras luego no te arrepientas de nada... —Susana le recordó lo mal que se había sentido Lucía antes del verano cuando pensaba que le gustaba Kay, el actual novio de Marta, y cuánto se había arrepentido después.

—No lo haré.

En su plan de perfeccionamiento personal que trataba de seguir ese verano, pretendía manejar las situaciones difíciles con madurez (muy a juego con la imagen de luchadora que ya se había forjado). Así que no quería montarle más dramas de celos a Eric, pero que Mía cogiera su teléfono y le empezara con que si se habían escapado los dos juntos, que si era su mejor amiga..., decía muy poco a su favor. Había decidido esperar a que regresara para aclarar la situación. Mientras tanto, haría lo que le viniera en gana: Eric iba a dejar de ocupar tanto espacio en su cabeza, estaba harta de sentirse estúpida; quizá hasta dejaba entrar a ese otro chico en el que no había dejado de pensar desde que pasaron juntos aquella tarde tan estupenda el viernes.

De: Marta (lapoetisamarta@hotmail.com)
Para: Lucía (let'sdance@hotmail.com), Frida (arribaFrida@hotmail.com) y Bea (doremi@hotmail.com)
Asunto: Noticias frías y calientes
Adjunto: Cheeseburguer.jpg

Chicaaasss:

¡Traigo noticias de las que se venden a mil euros el kg! Ha vuelto Casimiro el maquinista de su baja y... ¿a que no lo adivináis? Sí que es un violín lo que guardaba, ahora falta que os aseguréis de que es el de Bea. Así que ya puede pasar por la estación a comprobarlo cuando quiera.

Mi tío no ha sabido decirme si tenía un corazón la funda o no, pero el maquinista vio un instrumento en el vagón abandonado y se lo llevó a casa para dejarlo al día siguiente en objetos perdidos. La mala pata fue que se levantó con un gripazo del quince y no ha podido hacerlo hasta hoy. ¿Habéis visto qué manera más maravillosa de empezar un lunes?

De lo que no traigo tan buenas noticias es de lo del anuncio: ayer me confirmó Kay que sus padres vienen específicamente para esa comida oficial de presentación en familia y que luego se marchan de viaje otra vez hasta no sé cuándo. Así que es totalmente IMPOSIBLE que me la salte, tendréis que buscar a otra chica... Sé que os decepciono, pero tengo las manos atadas. ¿Me perdonáis? ¡Sabéis que os quiero mucho muchísísísísimo y siempre estáis en mi corazoncito! Y, para demostrároslo, os envío esta foto del sábado en un *burger* con Kay, nos la hizo el camarero. Fijaos en mis pies, ¿os suenan? Últimamente no me las quito de encima.

Besos gigantes,

ZR4E!

17

Cómo ser famosa y no morir en el intento

El primer día de ensayo del anuncio había llegado. Que Marta las hubiera dejado colgadas era una faena que las chicas se habían tenido que comer con patatas. Pero gracias a Susana habían conseguido sobrellevarla mejor de lo que esperaban. Cuando Marta les escribió ese correo destemplado, con noticias buenas pero también malas malísimas, celebraron una reunión de emergencia en la buhardilla de Bea y allí decidieron que la única persona que podía llenar la ausencia de Marta en el anuncio era Susana.

—¿Estáis locas? ¡Cómo me va a importar! ¡Me apetece un montón! —había chillado cuando le dieron la noticia.

—Como eres tan antitodo... —la chinchó Frida.

—Soy antitonterías, pero sé que un anuncio con vosotras no me llevará por el mal camino. —Le dio un pellizco en el brazo a Frida que esta le devolvió, por lo que Susana acabó agarrándola del cuello desde la espalda mientras las demás las separaban entre risas.

Así que allí estaban, un día después, en una especie de cuarto cerrado con un montón de cámaras y focos. Bastante sombrío todo. Un hombre de unos treinta años, con gafas de pasta y una boina girada a un lado, daba indicaciones a la madre de Lucía y después ella se las transmitía con toda la paciencia de la que era capaz. Era el director.

—Procurad sonar más naturales. Y, sobre todo, no miréis a cámara.

Una tal Ana se encargaba de embadurnarlas de polvos entre pausa y pausa para que no les brillara la piel delante de las cámaras. Cada vez que se acercaba a ellas les estampaba la brocha sin decir ni mu y la removía hasta dentro de la nariz.

—¿Alguna duda? —preguntó María.

Se habían pegado un madrugón de libro y llevaban más de dos horas con el ensayo, pero todavía no habían dado con el tonillo que el director buscaba... Ahí estaba él, sin apartar los ojos de un monitor mientras ellas repetían las líneas una y otra vez. Lucía estaba empezando a cogerle un poco de tirria al hombre y le daba en la nariz que no era la única. Nunca les hablaba directamente a ellas, sino a través de María, como si no hablaran la misma lengua o, simplemente, no le apeteciera.

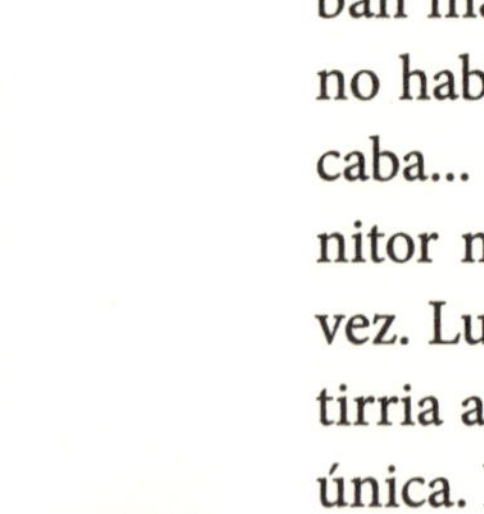
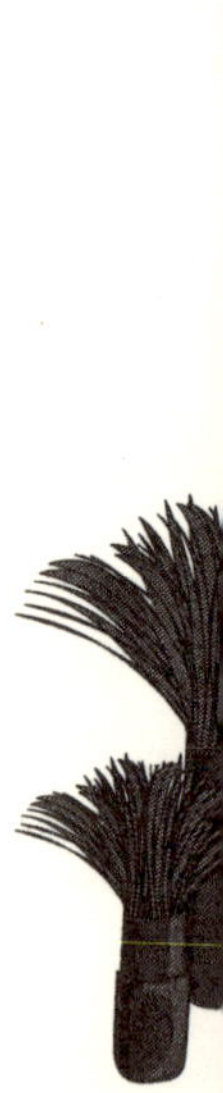

—¿No lo grabaremos en la playa? ¿Cómo es que ensayamos en este cuarto? Así no nos inspiramos bien... —protestó.

—Este cuarto es un plató, y sí, lo grabaremos en la playa, pero hoy no.

—¿Por qué?

María resopló entornando los ojos.

—Porque es más fácil trasladar al equipo y pedir todos los permisos solo para el día del rodaje. —María arrastró a las chicas a sus posiciones iniciales, sobre las marcas del suelo.

—Pero...

—Basta, Lucía. —Su madre apretó los dientes. María estaba al límite de su paciencia y en cualquier momento podía sacar al ogro que llevaba dentro. Era mejor no ponerla más a prueba. Las chicas se prepararon para repetir las frases una vez más. Se encendió el piloto rojo y...

—¡Acción! —exclamó el director.

Comenzaron todas de nuevo su interpretación:

—Me encanta pasear por la playa —dijo Frida.

—¡Mira cómo brilla mi camiseta! —continuó Lucía.

—Sí, a juego con el sol —siguió Susana.

—Y con tus ojos —añadió Bea.

—¡O con los tuyos! —intervino de nuevo Lucía.

—Uy, pero qué graciosa eres —soltó Frida.

—No más que tú, nena —repuso Susana.

Después debían actuar como si estuvieran realmente en la playa, con el mar murmurando a su espalda y la arena ensuciándoles los pies. El problema era que no había ni mar ni arena ni nada... El único fondo con el que contaban era un panel verde, cables y mucha luz, pero de la artificial, ¡unas bombillas que calentaban más que el sol! La magia de la publicidad...

Justo cuando ya lo daban otra vez todo por perdido, de refilón divisaron que con ese último pase y, tras unos minutos de reflexión, el director había acabado moviendo la cabeza afirmativamente. No podía ser, ¿es que acaso le habían gustado? Al ver que María se acercaba a ellas con la expresión menos tensa, comprendieron que, efectivamente, así era.

—Vale, hemos acabado por hoy.

Las chicas no pudieron con su júbilo y tuvieron que expulsarlo por la boca, gritando «hurra» varias veces seguidas. El director estaba tan absorto en su conversación con la maquilladora Ana que ni siquiera debió de escucharlas. Mientras las chicas recuperaban sus bolsos y revisaban posibles mensajes en sus móviles, María les informó de que el siguiente ensayo no sería hasta al cabo de tres días, cuando también harían las pruebas de vestuario. Les aconsejó que para entonces practicaran un poco delante del espejo, de esa manera no forzarían expresiones cuando pronunciaran las líneas; si las memorizaban bien y las añadían a su lenguaje diario, acabarían por salir solas. Antes de salir por la puerta del plató, Lucía la tranquilizó asegurándole que lo bordarían. Pero tanto su madre como las demás la miraron con cierto aire de desconfianza, ya que veían que lo de rodar el anuncio no era tan fácil ni tan divertido.

—Menudo estilazo tenía el dire... —Frida iba la primera de la fila bajando las escaleras que las conducirían a la calle.

Las demás estallaron en carcajadas. Llevaban aguantándose desde que habían comenzado a ensayar por la mañana temprano y en ese momento la risa les salía en tropel, imposible de frenar.

—Me voy a comprar una boina como la suya. —Susana se recolocó el pelo a lo *garçon*.

—Pues yo unas gafas, y eso que no tengo miopía... —Lucía parpadeó exagerada.

—Seguro que él tampoco —añadió Bea y volvieron a troncharse.

El barullo llegó hasta la planta baja, pero, cuando atravesaron la puerta y vieron de nuevo la luz del sol en pleno mediodía, frenó en seco. Sobre todo por parte de Bea, que se quedó paralizada al ver a la persona que las estaba esperando allí. Sus ojos verdes se clavaron en ella, incapaces de parpadear, mientras su piel tostada por el verano adquiría matices lilas. Lucía hubiera asegurado que estaba a punto de vomitar, así que se acercó a Bea tan rápido como pudo para acariciarle el brazo y preguntarle cómo se encontraba. Las demás ni se inmutaron, pendientes como estaban del recién llegado.

—¡Hermanito! —exclamó Susana, corriendo hacia Aitor.

18
El violín viajero

—¿Qué os pasa? Parece que salís de una fiesta, no del trabajo —Aitor hablaba con la boca tirante.

Aunque se dirigía a todas, sus ojos estaban posados en Bea, que se había quedado en un rincón haciendo que rebuscaba algo dentro de su bolso. Lucía disimulaba con ella y revisaba los bolsillos de un bolso que no tenía más de dos.

—¿Ha perdido algo? —Susana buscaba atraer la atención de las chicas.

—No... el móvil, que no lo encuentro —titubeó Bea.

—¡Aquí está! —Lucía cogió el móvil de donde había estado en todo momento, bien a la vista, en el bolsillo más pequeño del bolso de su amiga. Esa tensión no se podía alargar más...

—¡Estupendo! ¿Nos vamos?

Susana miró a Bea y Lucía comprendió que era ella la que había organizado aquel encuentro nada casual. No cabía duda de que lo estaba haciendo por el bien de su amiga; igual que las demás, no quería que Bea se quedara sin hacer algo que le apetecía un montón (como ella misma les había confesado en la piscina dos días atrás): quedar con Aitor. Bea sí que necesitaba un pequeño empujón, pero Susana se había olvidado de que, bajo presión, su amiga no respondía del todo bien.

—¿Adónde vais? —preguntó Aitor directamente a Bea.

—Bueno, a recoger... mi violín, si es que es el mío, claro. —Bea coló la mano por el codo de Lucía para que no la abandonara. Se la veía totalmente incapaz de mirar al chico a la cara.

Todos se pusieron en marcha y, rápidamente, se distribuyeron las posiciones: Aitor se pegó a Bea, y Lucía se quedó donde estaba a la espera de que Bea decidiera soltarla. No iba a abandonarla, claro.

—¡Ah! Sí, es verdad que ha aparecido. ¡Qué bien! Ahora podrás ensayar para tu concierto con él y no con el prestado. Mucho mejor...

—Si de verdad es el mío, claro, porque también podría ser el de cualquier otra persona que toque el violín y que coja el metro a diario... Bueno, en el metro va mucha gente, ya sabes...

Al ver que Bea volvía a caer en sus monólogos sin sentido, Lucía la cortó con delicadeza para echarle un cable y redirigir la conversación.

—Sí, pero también sería casualidad que alguien encontrara el violín de otra persona justo el mismo día en que perdiste el tuyo.

Lucía veía de refilón como Aitor miraba a Bea mientras caminaban intentando captar su atención, pero Bea no levantaba la vista del suelo. Físicamente se parecía a Susana cantidad, solo que él llevaba el pelo tres veces más largo que ella y un único pendiente en una oreja. El chico parecía loco por su amiga, de verdad, pero Bea todavía no se animaba a quedarse a solas con él.

—Las casualidades... —volvió Bea a la carga en un vano intento por evitar el silencio incómodo que se había instaurado—. Las casualidades existen, y no es que no crea que no pueda ser el mío, claro, puede ser el mío y el de cualquiera, bueno, eso, el de cualquiera que suela llevar un violín y vaya en metro...

Bea enrojecía por momentos y, cuando al fin se calló, Lucía notó como le apretaba el brazo clavándole las uñas incluso. Estaba a punto de sacar otro tema de conversación para auxiliar a su amiga cuando Aitor le tomó el relevo sin dar importancia al enredo verbal de Bea.

—¡Pues yo creo que es el tuyo y que va a salir todo bien!

Aitor sonrió abiertamente a Bea sin un atisbo de maldad y Lucía percibió que su amiga conseguía al fin posar sus preciosos ojos en los de Aitor y sonreía también.

—Mejor, porque no veas qué trajín lleva buscar un violín... —comenzó Lucía para ver si su amiga se animaba de nuevo.

—Sí, Lucía hasta ha repartido carteles en el metro y por la calle. Su padre la ayudó a hacerlos con el ordenador, quedaron chulos, con el corazón a primera vista para que lo reconociera la gente, porque no es tan normal que alguien lleve una funda con un corazón. Con el nombre sí, ya sabes... —Bea se enredó de nuevo, pero era evidente que a Aitor no le importaba porque la escuchaba con la misma atención y la misma sonrisa en todo momento.

—¡Qué bueno! ¿Y también ponía

WANTED

como en las películas? —bromeó el chico cuando Bea hubo acabado.

Las dos se rieron por la ocurrencia y Lucía notó perfectamente como Bea le soltaba el brazo y se relajaba. Al fin Bea se había convencido de que le gustaba a Aitor tal cual era. Lucía aprovechó para alejarse lentamente, dejándolos a solas, y avanzó hasta donde caminaban Susana y Frida, que hablaban de cosas muy distintas.

—Así que Nico resultó ser un imbécil.

—TOTAL, si por lo menos pudiera vengarme de su jugada... Creo que me sentiría mejor. Pero eso es algo imposible, vaya.

—Nunca se sabe. Pero, si no lo consigues, no te sientas tú mal encima. Hay muchos de esos en el mundo —comentaba Susana cuando Lucía las alcanzó.

—Sí, no como el tal Adri, ¿verdad, Lucía? —Frida le empujó con el trasero—. ¡Qué suerte tiene la petarda esta! A falta de un chico, ahora tiene dos...

—No tengo ninguno. Eric pasa de mí y Adri es un experimentado seductor del que no me puedo fiar.

—¿Le has dicho a tu seductor que ha aparecido el violín? —preguntó Susana. Todas menos Bea daban por hecho que el violín que iban a recoger era el de su amiga, ojalá no se equivocaran...

Lucía cayó en la cuenta de que Susana tenía razón, el chico no sabía nada y quizá seguía repartiendo carteles. Sintió lástima, así que sacó el móvil de su bolso y buscó su nombre en la agenda. Lo había guardado después de que él le escribiera el primer mensaje. Se lo quedó mirando un rato.

—No se va a mandar solo. —Frida, desde su altura, seguía sus movimientos con atención.

—Cállate. —Lucía seleccionó el número para empezar a escribir el whatsapp.

Lo hacía mientras seguía caminando, así que tuvo que separarse de la conversación que Frida y Susana habían iniciado porque era incapaz de hacer tantas cosas al mismo tiempo. De fondo oyó algo sobre las fiestas de Escuderos y la panda de niñatos que se había dedicado a desenchufar el micro del cantante y cambiar los cables de sitio para que la banda empezara a tocar una hora después de la acordada: así la fiesta no tuvo más remedio que alargarse hasta altas horas de la noche. Lucía se concentró en su mensaje y, sin dejar de mirar tampoco al suelo, escribió:

Violin ksi salvado. Mision trminada. Rcuerds.
Lucia

Lo releyó varias veces: era sintético, con un tono de broma que nunca venía mal y se despedía con cariño pero sin demostrar tampoco agobios. Sí, le había quedado bastante bien. Se lo leyó a Frida y a Susana en alto.

—Un poco seca —respondió Frida.

—Parece mentira que eso me lo digas tú, precisamente, la que huye de cualquier arrumaco...

—Bueno, pero a mí no me ha ayudado a repartir carteles —Frida meneó su cola de caballo.

—Yo creo que está bien. No te arriesgues a ser demasiado cariñosa, que quizá lo espantas —intervino Susana con toda su sabiduría.

Lucía le sacó la lengua a Frida y pulsó el botón de «Enviar». Estaba guardando el móvil en el bolso para continuar su camino cuando la detuvo el pitido del WhatsApp. ¿Tan rápido? No podía ser...

> Gran noticia! Spro vrt prnto xa clbrarlo. Bsos

Lucía se quedó con las piernas rígidas. Literalmente, además, porque no era capaz ni de dar un paso. Susana y Frida volvieron atrás cuando se dieron cuenta y, después comprobar que su amiga se había quedado sin habla, cogieron el móvil para leer el motivo de su estado de shock.

—Este tío quiere algo contigo, fijo —resolvió Susana.

—Nooo, ¿tú creeesss? —preguntó Frida con sarcasmo.

—Tampoco está tan claro —consiguió decir al fin Lucía, que les recordó lo que había sucedido el viernes por la tarde con aquel silencio incómodo; era evidente que él estaba deseando volver a casa y dejarla a ella con sus cartelitos por el camino.

—Claro, por eso después te coge la mano en plan príncipe azul total... ¡Pero si solo le faltó besártela! —soltó Frida y Susana le dio la razón.

—¿Le has dicho que tienes novio? —le preguntó la sabia de Susana, y Lucía tuvo que reconocer que no se lo había dicho.

¿Por qué no lo había hecho? Según Susana porque no quería descartar la posibilidad de tener algo más que amistad con Adri y, probablemente, tenía razón... Las chicas le aconsejaron que tuviera en cuenta una cosa: si volvía a hablar con él, le estaría demostrando precisamente eso. Así que el siguiente paso era definitivo. Lucía decidió no responder a ese mensaje. Sí que había tenido unos días tontos con Eric y se había propuesto hacer lo que le diera la gana, pero de ahí a querer algo con otro chico..., así tan seguro... No, no estaba segura de nada. ¡Qué difícil!

—Ya hemos llegado —anunció Bea de pronto, paralizando todo el flujo de sus pensamientos.

Estaban en la parada final de la línea de metro que pasaba por la casa de Bea, donde el maquinista había acabado su servicio y las esperaba. Juntos bajaron las escaleras y se dirigieron a la ventanilla para preguntar por Casimiro Sanjuán.

—Ahora viene —les informó una chica que arreglaba una de las máquinas de expedición de billetes.

Efectivamente, no tuvieron que esperar más de unos minutos. Por el pasillo que comunicaba con la calle apareció un hombre de estatura más bien pequeñita (casi la misma que Lucía), con una barba blanca y unos mofletes tan colorados que, si hubiera sido diciembre, cualquiera podría haberlo confundido con Papá Noel. Aunque, de alguna manera, lo era, porque con él llevaba el mejor regalo que Bea podía desear. Su amiga se acercó al hombre lentamente sin apartar la vista de la funda del instrumento. Cuando el corazón tan familiar, ese que le había dibujado Lucía con todo su cariño con la B en el centro, destacó sobre el negro de la funda, Bea no pudo aguantar la emoción y se arrojó sobre su Papá Noel particular.

—Muchísimas gracias —repitió varias veces seguidas.

Casimiro aceptó el abrazo con una sonrisa bonachona y repitió el mismo número de veces que no había sido nada. Aitor sintió el impulso de abrazarlos a los dos, pero se contuvo. La felicidad era contagiosa.

—Me hubiera gustado dártelo antes, pero he estado con un febrón... —El hombre se llevó la mano a la cabeza en un gesto de fastidio cuando Bea se hubo apartado.

—No se preocupe, bastante ha hecho ya. Este violín es tan importante para mí...

—¡Te entiendo perfectamente! Cuando yo era joven estaba perdidamente enamorado de una violinista que tocaba como los ángeles. El violín era para ella su mejor medio de expresión. Emilia, se llamaba... —La mirada de Casimiro se trasladó a otra época y a otro lugar muy lejano a través de ese túnel subterráneo.

El hombre comenzó a relatar cómo había perdido el contacto con ese antiguo amor que los años no le habían permitido olvidar.

—Todavía me queda esperanza, no os creáis...

Lucía le dedicó todas las frases de ánimo que su padre compartía con ella mientras los demás asentían interesados. Era lo menos que podían hacer por aquel hombre que había salvado el violín de su amiga. Deseó que pudieran devolverle el favor... Después se despidieron y prometieron saludarle siempre que cogieran el metro que él condujera.

Bea caminaba abrazada a su violín y Aitor no se separaba de ella. Parecía que en un día su amiga había conseguido resolver todos sus problemas, y había sido en gran parte gracias a la colaboración de todas ellas: Marta y con el primo de su padre, Susana con sus tejemanejes... En momentos así daba igual lo que sucediera, Lucía tenía la sensación de que si sus amigas estaban cerca, cualquier cosa tenía remedio.

19

Revancha en la playa

Con esfuerzo, Lucía había conseguido de sobras que su piel cambiara el blanco pálido-moribundo por un tono tostadito que le favorecía bastante. Sus ojos castaños incluso parecían más claros, tirando a ámbar, y combinaban la mar de bien con el conjunto y su melena pelirroja. Su madre le había dicho que tanto a ella como a sus amigas el moreno les favorecería cuando grabaran el anuncio, así que aspiraba a ser muy profesional y seguir todos los consejos que le daban. Esa mañana, además de practicar las frases del guión delante del espejo tropecientas veces como una cotorra, se había propuesto cuidar su moreno sin dejar manchas molestas ni marcas.

Se subió los tirantes negros del biquini rojo con cinturilla negra que se había comprado en las rebajas, una auténtica ganga. Cuando se quitó los cascos para darse la vuelta y seguir tomando el sol boca abajo, oyó que alguien llamaba a Frida. Su amiga no se enteraba de nada, tenía los cascos todavía puestos y a juzgar por las notas que se oían a través de sus orejas, los Why Five la tenían totalmente empanada. Acababa de darse cuenta de que Susana no estaba. Debía de haberse ido a dar una vuelta, porque no la veía por ningún sitio y su toalla seguía allí. Bea se había quedado en casa ensayando para su concierto, pero ellas llevaban en la playa gran parte de esa mañana de jueves. Había perdido incluso la noción del tiempo... Lucía se llevó la mano a los ojos para evitar el sol y averiguar a quién pertenecía la dichosa voz. Pero inmediatamente se tapó la boca para evitar el horror en un gesto inconsciente.

—Vaya, Lucía, qué bien te sienta ese biquini.

Nico se rió, mostrando su hilera de dientes blancos, y al hacerlo todos sus abdominales se marcaron de golpe. Era evidente que ese bañador no había sido elegido al azar. Y lo que eran las casualidades... ¡Se trataba de un Collister! Era de flores blancas y negras y (para qué engañarse) le sentaba de maravilla.

—¿¿¿Qué haces tú aquí???—preguntó ella.

—Pues lo mismo que tú, coger colorcito. ¿La avisas? —Señaló a Frida, que seguía *out*.

Lucía le quitó uno de los cascos y se acercó a su oreja con tan mala suerte que al intentar advertirla en voz baja de que el miserable de Nico estaba ahí, su amiga se asustó y acabó dándole un tortazo.

—¡Ay! —Lucía se tocó la mejilla irritada con incredulidad.

—Pero ¿qué haces? —Frida seguía adormilada.

Sin añadir más, Lucía señaló a Nico, que las observaba divertido. Frida se puso en pie de un salto y se quitó la arena de los brazos, la barriga, las piernas... Estaba visiblemente nerviosa.

—¿Qué hay? —preguntó al fin.

—Ya ves —respondió él con tono chulesco—. Desde que te perdiste en las olas no has vuelto a dar señales, ¿tan avergonzada estás?

Frida resopló en un intento por parecer divertida, pero Lucía veía perfectamente como se esforzaba en disimular lo mal que lo estaba pasando. Después de lo que le habían hecho ese listillo y sus amigos, encima pretendía humillarla. Deseó poder hacer algo para que se sintiera mejor.

—Bueno, si quieres compensarlo tienes tu oportunidad: vente mañana con nosotros, a ver si esta vez superas la prueba —añadió él, guiñándole un ojo.

Lucía observaba incrédula como su amiga, la fuerte, la burlona, la que no se dejaba pisar por nadie, la defensora de los justos, se dejaba intimidar por aquel patán. Se puso en pie y se acercó a ellos decidida.

—¿Qué, tú también te animas, pelirroja? —Nico miró hacia abajo. Le sacaba varias cabezas y le gustaba recordárselo.

—Ni en sueños.

Nico se rió como quitándole importancia y después volvió a posar sus ojos color miel en Frida, al tiempo que con la mano se echaba su bonito pelo en capas medio mojado hacia atrás. Era un chico impresionante y se lo tenía más que creído. Pero las cosas no se iban a quedar así. **¡NOOOOOO!**

—Y Frida tampoco puede ir —se entrometió Lucía.

—Me gustaría que me lo dijera ella, si no te importa.

Pero su amiga solo apretaba los dientes y miraba a todas partes sin decir nada. El comentario de Nico debía de haberle disgustado tanto que no sabía ni cómo reaccionar.

—No puede, está afónica —insistió Lucía—. Así que te lo digo yo: mañana ensayamos un anuncio para la tele y no estará disponible.

—¿Un anuncio para la tele? ¡Venga ya! —Nico empezó a reírse como si acabara de oír la cosa más ridícula del mundo.

Ya era un hecho: se estaba poniendo furiosa. Quería fastidiar a aquel chico, pero no encontraba la manera de conseguirlo. Miró a su alrededor como buscando algo que le fuera útil: un bate de béisbol, un bote de pintura, una caja de huevos podridos... De pronto, detrás de él vio que Susana se acercaba con un vaso de granizado de fresa y Lucía la miró con los ojos muy abiertos, dibujando un gesto de náusea con la boca al tiempo que señalaba sutilmente a Nico con la mano. Total, el chico estaba centrado en su amiga y no se percataba de nada. Susana (que era más lista que las hormigas coloradas) asintió, comprendiendo la situación, y Lucía observó su maniobra, atenta: Susana comenzó a correr en dirección a ellos e hizo que miraba al cielo como buscando algo. En esas estaba cuando acabó estampándose contra la espalda de Nico, que se volvió hacia ella sorprendido. En pleno lío, Susana derramó su vaso de granizado sobre el carísimo bañador de Nico.

—¡Pero ¿qué haces?! —berreó él separándose de un salto.

—Uy, perdonaaa, es que venía buscando un frisby y me he empanado.

—¡Me has manchado el bañador! —Nico señalaba incrédulo la mancha que el colorante rosa del granizado había dejado en la pernera.

—¿¿¿A ver???

Susana le pasó las manos por encima. El efecto fue que, además de pegajosa, la mancha también quedó llenita de arena sucia y embarrada. No sería muy fácil de quitar... Lucía aprovechó la sorpresa para correr a su toalla, coger el móvil y hacer una foto rápida a Nico. El chico reaccionó todo lo deprisa que pudo, apartando las manos de Susana para esconderse del móvil de Lucía y correr a lavarse la mancha en el mar. Al cabo de unos minutos de frote, el cerco seguía ahí...

—Quizá podamos convencer a los de Collister para que te regalen un bañador nuevo.

La soltura de Frida sorprendió a Lucía y a Susana, que la observaron sonrientes y orgullosísimas de ella. ¡Al fin había encontrado las palabras para hablar! Parecía que había llegado el momento de su venganza particular.

—Ah, es que Lucía no te lo ha dicho, pero el anuncio que rodamos es para ellos —remató Frida la jugada.

Nico se la quedó mirando sin saber qué decir mientras sus manos seguían frotando la mancha. Desde luego, con lo cuidadoso que parecía con su imagen, aquello debía de haberle dejado hundido.

—Que te aproveche el paseo de vuelta —se despidió Lucía volviendo a su toalla con las otras dos chicas.

Nico apretó los labios enfurecido y se alejó de allí refunfuñando, con las manos encima del manchurrón rosa del bañador. De vez en cuando miraba a un lado y al otro para asegurarse de que nadie se fijaba en él.

—¿Te sientes mejor? —preguntó Susana a Frida cuando el enemigo se había marchado.

Frida se puso las gafas de sol y sonrió abiertamente.

—Ni te lo imaginas.

Las chicas continuaron tomando el sol con la tranquilidad de que, por ese día, también se había hecho justicia: los malos se habían llevado su merecido.

LUCÍA: A sido genial

FRIDA: 1 libracion!!!

BEA: Ké pna abrmlo prdido

FRIDA: Xrecia ke l iba a xplotar la kra

LUCÍA: L falto exar

MARTA: Foto?!

LUCÍA:

BEA: Rportra grafik...

FRIDA: JAJAJAJAJA

MARTA: Vams a colgarla todas n nuestros prfiles con su nombre!!!

FRIDA: Yesss

MARTA: S lo digo tb a Viveka y Kellen: la noti traspasa frontras!

FRIDA:

BEA: Exo!

LUCÍA: Exo!

MARTA: Exo!

FRIDA: ZR4E!!

20

¡Pero si esta no soy yo!

—¡Perfecto!

La palabra resonó en el plató como si tuviera que cocerse lentamente. Nadie se creía lo que acababa de oír: el director del anuncio estaba contento con el último pase del ensayo. ¡INCREÍBLE! Las chicas se abrazaron y se dieron la enhorabuena unas a otras: su moreno y la práctica delante del espejo de las frases habían dado resultado.

—Ahora viene lo mejor... —anunció Ana, la maquilladora, frotándose las manos.

A medida que pasaba el tiempo era como si le hubieran ido pegando el aire fresco Collister, porque de no hablar nada había pasado a charlar con ellas como si las conociera de toda la vida. Era maja; también llevaba unas gafas de pasta, pero, a diferencia del director, se notaba que a ella sí le hacían falta. Y, quizá por eso de ser maquilladora, se pintaba la cara como un cuadro.

—¿Qué viene ahora? —preguntó Lucía curiosa.

—¿Qué va a ser? ¡La elección de vestuario! —Ana dio palmaditas en el aire, ya totalmente contagiada de la alegría y juventud de las chicas.

Todas se pusieron literalmente a dar saltos, hasta que al final tuvo que acercarse a ellas María con expresión de pocos amigos.

—No estáis en el patio del colegio.

En cuanto se pusieron modositas, María les explicó que habían llevado una opción de vestuario para cada una de ellas. Deberían ir probándoselo una a una y enseñárselo al director delante de cámara para que también él lo aprobara. Estaban tan contentas que no les importaba nada que el boinas tuviera que dar su consentimiento y les pudiera estropear la fiesta.

Al instante apareció otra mujer a la que no habían visto antes con un perchero con ruedas y varias prendas Collister colgadas en él. Lo arrastró hasta un rincón del plató donde se abrían un par de cortinas improvisadas que harían de probadores. Las chicas se fueron directas hacia allí.

—¿Y el espejo? —le exigió Lucía a su madre.

Por ahí sí que no pasaba, si ella no podía verse con el modelito que le habían elegido antes, nadie lo haría... María entornó los ojos y se acercó a un chico que llevaba un micro de oreja para pedirle que buscara un espejo de pie. A los pocos minutos, el chico apareció con el espejo y lo colocó junto a los probadores improvisados. Era una pasada descubrir que las órdenes de su madre traspasaban el hogar familiar y llegaban hasta su trabajo: ¿sería que todos le tenían miedo?

—¡Me encanta! —Bea tenía en sus manos un top azul marino estampado con ribetes rojos.

—Los conjuntos son estos —la interrumpió la mujer que había llevado el perchero, entregándoles a cada una una percha con la ropa de la colección otoño-invierno que deberían ponerse.

Resultaba que el top suelto estampado a conjunto con un cárdigan que le chiflaba a Bea se lo habían dado a Frida, a la que no le pegaba nada y prefería mil veces el top gris jaspeado de manga larga bien ajustado que se tendría que poner Bea. Lo mismo ocurría con la camiseta azul teñido en degradado que a Susana le pirraba y se la habían adjudicado a Lucía, o la camiseta amarilla con encaje de la que Lucía se había enamorado al instante y que habían entregado a Susana sin más. Aquella mujer no tenía ni idea de nada... ¡Esa ropa no les pegaba nada!

—Venga, a vestiros, señoritas —respondió la dueña del perchero con un acento fuerte, como italiano.

Resultó llamarse Bárbara. Iba vestida con una especie de quimono y llevaba el pelo recogido con un lápiz, no de broche, sino de los que se usan para dibujar. Con un gesto de las manos, las empujó al interior de los probadores, pero como solo había dos, Lucía compartió el suyo con Susana, y Bea, con Frida. Mientras tanto, Bárbara se fue a charlar con el director del anuncio (y su boina), en el otro extremo del plató.

Cuando Lucía se vio con la ropa que le habían exigido, el top tan sobrio y unos tejanos lavados oscuros, sin ningún decorado, volvió a meterse en el probador y cerró de inmediato la cortina antes de que Bárbara la viera.

—Esta no soy yo. —Se cruzó de brazos.

A Susana solo le hizo falta asomarse fugazmente al espejo de pie para imitar a Lucía: regresó al interior del vestuario y resopló fastidiada.

—¿En qué estaría pensando esa Bárbara? Estos conjuntos no encajan con nuestros papeles.

Lucía meditó un momento sobre lo que acababa de decir Susana: ¡era cierto! La camiseta que tenía que brillar a juego con el sol era la de Lucía y la que habían elegido para ella, desde luego, no conseguía ese efecto. Y lo mismo ocurría con las demás: mira que elegir para Frida un top suelto... Ella siempre iba marcando silueta, todo lo contrario de Bea, que prefería disimularla. Rápidamente cogió el móvil de su bolso y envió un mensaje a las demás al tiempo que anunciaba a Susana entre susurros:

—Tengo una solución.

Susana escuchó atentamente y siguió sus instrucciones, a pesar de que el riesgo que corrían era bastante elevado. Lucía cruzó los dedos para que las demás leyeran el whatsapp que acababa de enviarles. Así todas conseguirían lo que querían. Segundos después, tanto Frida como Bea respondieron con un pulgar levantado. Ya solo faltaba ver la reacción de Bárbara cuando salieran de los probadores improvisados...

—Un momento —respondió la encargada del vestuario cuando las vio cambiadas, entrecerrando los ojos y mirando atentamente los conjuntos de cada una de ellas.

Lucía tragó saliva: ojalá Bárbara no se diera cuenta de que las chicas se habían intercambiado la ropa. Porque sí, eso era precisamente lo que habían hecho. Aprovechando que se escondían detrás de una cortina, cada una se había puesto el conjunto que le habían entregado a la otra: Lucía entonces sí llevaba puesta la camiseta que brillaba y unos vaqueros más llamativos, muy de su estilo. Y lo mismo habían hecho las demás: Bea al fin podía ponerse el top que le había entusiasmado desde un primer momento.

—No sé, no sé... —Bárbara las miraba de arriba abajo poco convencida. ¿Se estaría dando cuenta de que le habían tomado el pelo?

—Tú, desabróchate el cárdigan —le ordenó a Bea con su marcado acento.

—Tú, cámbiate el sujetador por este —se dirigió a Lucía facilitándole uno de color carne para que no se transparentara el encaje.

—Tú, dóblate un poco el bajo de los vaqueros —le dijo a Susana.

—Tú, ponte este cinturón. —Le entregó a Frida uno a juego con su camiseta.

Bárbara movió los dedos en el aire para que las chicas dieran vueltas sobre sí mismas y, tras unas pocas revisiones más de arriba abajo, prendió algunos alfileres donde sobraba tela y anunció:

—¡Perfecto!

Era la segunda vez que oían la palabrita ese día, y no perdía su efecto: ¡aleluya! Chocaron los cinco en el aire, contentas de haber resuelto la crisis sin más inconvenientes. Cuando María regresó y las vio con la ropa definitiva, también dio su consentimiento. Si ella supiera...

Las chicas se hicieron una foto con el móvil de Susana, que era el que mejor cámara tenía, y la subieron al grupo de WhatsApp en el que también estaba Marta.

—Se va a morir de la envidia —dijo Susana guiñándoles un ojo; era muy consciente de lo importante que era para ellas que su amiga hubiera estado ese día allí.

Marta no tardó en responder con una carita triste y la palabra perdón multiplicada por 1.000.000... No podían enfadarse con ella, pero la echaban muchísimo de menos.

—¡Venid por aquí! —María señalaba la cámara.

Debían colocarse en grupo justo delante para que el director hiciera las pruebas de cámara oportunas. La ropa no debía desentonar ni crear efectos ópticos extraños, así que las chicas siguieron las directrices.

El director compartió algo con María y ella se lo transmitió con voz potente:

—Moveos hacia la izquierda, bien, ahora a la derecha...

Las chicas obedecían expectantes: con lo que les había costado salirse con la suya con la ropa, solo faltaba que el pesado ese del director les estropeara el momento.

—Dad una vuelta, saltad...

De vez en cuando, Lucía dirigía a las chicas una mueca de burla y ellas respondían con otra. Por lo menos, mantenían el humor, a pesar de tener la sensación de comportarse como monos de feria. Encima, en ese plató lleno de focos hacía bastante calor y con la ropa de otoño-invierno no estaban precisamente fresquitas...

—Haced como que habláis, repitiendo las frases y el *acting* del anuncio —continuaba María.

Retomaron las frases que debían decir, se abrazaron, se empujaron y por poco se estamparon contra un foco que no habría estado allí si hubieran estado en plena playa... Tanto imaginárselo, al final el día del rodaje les costaría actuar en un escenario de verdad. Siguieron así mucho rato. Lucía empezaba a cansarse ya de sudar la gota gorda. Definitivamente, el mundo de la publicidad no era tan maravilloso como lo pintaban.

—Ya podéis recoger —anunció María de golpe.

—Pero entonces... —Lucía abrió las manos en señal de interrogación.

—¿Qué?

—¡Pues que si estamos aprobadas o no!

—Ah, eso... —María se volvió al director para ver cuál era su veredicto.

Frida, Susana, Bea y Lucía seguían la comunicación no verbal entre los dos, una mirada aquí, otra allá, un asentimiento dudoso, un encogimiento de hombros... Entonces, de repente, vieron como el hombre levantaba el pulgar lentamente, y (¡sorpresa!) se lo dirigía a ellas tal cual: ¡ahí estaba su primer contacto! ¡Y ESTABAN APROBADAS!

De nuevo, juntas, acababan de superar una prueba más. Estaban a 1 de septiembre y el rodaje del anuncio era el día 6. Todavía quedaba bastante camino por recorrer, pero, desde luego, iban bien encaminadas.

21
Explosión de confeti

—ÁLVARO.

—A mí me gusta más ALEX.

—¿Y por qué no Mateo?

—Prefiero DANIEL.

—No, DIEGO.

—No, SERGIO.

—Basta, por favor

—interrumpió Lucía la conversación entre Lorena y David, que llevaban toda la mañana, la comida y parte de la tarde del sábado discutiendo sobre qué nombre poner al bebé, que llegaría en enero. A ese paso se iban a recorrer todo el abecedario...

—¿No te gusta ninguno? —le preguntó su padre preocupado.

—Ya no sé ni cuál me gusta, al final tanto nombre junto pierde el efecto...

—Tiene razón. Es como cuando te pruebas muchas colonias, que se te satura el olfato —asintió Lorena, que era experta en estética (tenía su propio salón y todo).

—Exacto. A mí se me ha saturado el cerebro, lo siento.

Lucía se levantó de la mesa para dejar su plato en la cocina y al regresar se encontró con que todos se habían callado. Tampoco quería que se enfadaran, es que ya no podía más. Al ver a su hermana sentada en una esquina de la mesa con gesto triste, removiendo la cuchara en los restos del mousse de chocolate, se le ocurrió una manera de desviar la conversación.

—¿Qué vas a hacer para tu cumpleaños, Aitana? —Lucía volvió a sentarse a su lado.

Últimamente el bebé que estaba por llegar se había convertido en el centro del universo y la niña que estaba ahí mismo, delante de ellos, se estaba sintiendo demasiado apartada. A veces los adultos podían estar tan ciegos...

—No lo sé. —Aitana se hacía la remolona.

Lucía dirigió una mirada asesina a su padre y a Lorena, y después devolvió la atención a la niña.

—¿Cómo? Pero si vas a cumplir siete años, no puedes no saberlo. ¡Solo falta una semana!

—Pues no sé, una fiesta, supongo.

Lucía tenía que sacarle las respuestas con sacacorchos. Era evidente que la pequeña estaba algo mosqueada con todos por dejarla de lado, porque normalmente palabras no eran algo que le faltaran precisamente.

—¿No has dado ya las invitaciones a las niñas de tu clase?

En ese momento a Aitana le cambió la cara. Las cejas fruncidas y la nariz arrugada dieron paso a una media sonrisa que desvelaba la ilusión que en realidad le hacía esa fiesta.

—¡Claro que las he dado! Eran muy bonitas, cada una de un personaje de Monster High.

—Van a venir a merendar como veinte niñas, ¿verdad, cariño? —David cogió la manita derecha de Aitana.

Lorena enumeró varias posibilidades para el menú que podían preparar.

—¡Va a ser una fiesta chupi guay! —exclamó después, y Aitana la miró como si se hubiera vuelto loca.

—¿Podré beber Fanta de naranja como Lucía? —La niña miraba de reojo a sus padres al tiempo que señalaba el vaso de su hermana mayor.

No era lista ni nada... Les estaba saliendo con un chantaje emocional que empezó con la bebida y acabó con los adornos que pondrían por toda la casa: guirnaldas y también globos y serpentinas y confeti... A todo le dijeron que sí y Lucía se alegró por su hermana, que ya se había olvidado del bebé y solo pensaba en que llegara el sábado para celebrar su séptimo cumpleaños y ser el centro de atención, como estaba acostumbrada desde que había nacido.

Un pitido en el móvil desvió la atención de Lucía y, al abrir el WhatsApp y descubrir quién le escribía, por poco se atraganta con la Fanta, exactamente igual que le había sucedido la última vez que se vieron. David le preguntó si ocurría algo malo y ella respondió que no, aunque no estaba tan segura... Solo anunció que se iba a su cuarto.

—Ah, muy bien, enciendes la mecha y nos abandonas en plena explosión... —protestó David con gesto chistoso refiriéndose a Aitana, que la miraba ya toda llena de felicidad.

—Solo es una explosión de confeti. —Lucía les guiñó un ojo antes de desaparecer por el pasillo y encerrarse en su habitación.

De nuevo, comenzó a dar vueltas por su cuarto para tranquilizarse sin dejar de leer una y otra vez el mensaje que acababa de recibir:

1 cine?

Era de lo más sintético, eso sí. Y ya no firmaba, porque sabía que Lucía había guardado su número. Adri no había dejado pasar más de cuatro días para hablar con ella otra vez. Seguro que si se lo contaba a Frida y a Susana volvían a mofarse sobre cuánto le gustaba. ¿Qué le respondía? ¿Le apetecía ir al cine con él?

Una cosa era pensar de vez en cuando en que Adri era la bomba, y otra muy distinta quedar con él para otra cosa que no fuera repartir carteles... ¿Intentaría algo con ella? Menuda pregunta, si casi sin conocerse ya le había cogido la mano, tocado el hombro... Pero lo más importante era: ¿le gustaba a ella también? Lucía resopló dejándose caer sobre la cama. Miró el móvil, miró el reloj del móvil... Seguramente Eric estaría de ruta por Florencia, pero por coger el teléfono y hablar con ella tampoco le pasaría nada. Hacía ya varios días que no hablaban ni por WhatsApp. La noche anterior Lucía le había escrito un mensaje contándole lo del ensayo del anuncio y la aventura con el vestuario, y él no había respondido siquiera. Como había prometido comportarse con madurez, no había reaccionado con uno de sus ataques de chifladura, sino que había esperado y esperado, pero seguía sin señales de Eric. Era hora de volver a intentarlo, aunque fuera por última vez.

Seleccionó el teléfono de Eric y pulsó llamada. Para variar, el corazón le iba a mil. Mira que si volvía a responderle Mía... ¿Qué haría? No tuvo que esperar mucho, porque el móvil ni dio señal de llamada. Nada más conectar, saltó la voz neutra del buzón diciéndole que el número al que llamaba estaba apagado o fuera de cobertura.

—¡¡¡¡¡¡AAAaaarrrgh!!!!!!

—gritó, al tiempo que tiraba el bonito *smartphone* con su funda violeta a la cama. A ese paso no sobreviviría al verano.

Tenía ganas de gritar todavía más fuerte. ¿Por qué cada vez que intentaba contactar con su novio pasaba algo?

—Se acabó. Paso.

Se convenció de que lo que iba a hacer era la respuesta correcta a la jugada del destino: estaba recibiendo demasiadas señales de que Eric estaba *out* total, no podía ignorarlas. Recuperó el móvil de debajo de los cojines y entró en WhatsApp.

Ke peli?

Prfrncias?

Accion no

A las 6 n l cntro cmrcial y elegims

Le temblaba el cuerpo entero y le costaba acertar las teclas de la pantalla táctil del teléfono, pero decidió no entretenerse en darle más vueltas a pesar de que Adri pensaría que se le había olvidado cómo se escribían ciertas palabras... Respondió a todos los mensajes dejándose llevar y cuando se despidió empezó a pensar que quizá se había precipitado, quizá estaba siendo demasiado lanzada... Lucía abrió el armario y se enfrentó a la decisión que había tomado. Si quería ser madura, no podía echarse atrás, debía ser dueña y responsable de sus decisiones, como le había dicho su padre tantas veces. Se preparó para lo que tuviera que pasar...

22
El destino ha hablado

—¿Ves bien la pantalla? —le susurró Adri muy cerca, aguantándose ya la risa.

Lucía estaba tan cortada que, en lugar de responder que sí como las personas normales, asintió muy deprisa, como si fuera uno de esos animalitos cabezones que se ponen en los coches y que mueven la cabeza arriba y abajo sin control.

Al final le había dejado escoger a él la película porque, desde que se había encontrado con Adri en las taquillas del cine (más guapo todavía que las otras veces, con una camisa de cuadros distinta, blanca y negra, y unos pantalones comando de color negro), estaba tan nerviosa que su mente había dejado de funcionar: ¡no podía ni leer los títulos de los carteles de las películas! Cuando la taquillera empezaba a impacientarse por su indecisión, Adri intervino preguntándole si le apetecía ver la última comedia española que acababan de estrenar, y Lucía aceptó encantada, aunque en realidad no sabía ni cuál era.

Estaba sacando ya su cartera para pagar la entrada cuando él la frenó colocando la mano encima de la suya. Parecía una estufa del calor que desprendía... Lucía insistió en que le permitiera pagar algo, pero él le replicó que le habían dado buenas propinas, tanto en el metro como en el bar en el que trabajaba, y quería gastárselo con ella. Se le había olvidado que Adri era bastante mayor y que ganaba su propio sueldo, mientras que ella seguía echando mano de las pagas semanales que sus padres le proporcionaban cada uno por su lado...

—¿Quieres palomitas?

Lucía consiguió pagar eso al menos. Sacó toda su testarudez para demostrar que podía colaborar en algo; nunca le había gustado sentirse inferior, y menos con un chico al que acababa de conocer. Así que se empecinó y acabó comprando un menú grande de palomitas y bebida.

—¿Fanta de naranja? —preguntó.

—Yo soy más de Coca-Cola, pero me parece bien que compartamos pajita. —Adri le guiñó un ojo y Lucía notó como le ardía la cara.

Al ir a coger el cambio de lo que había pagado se le cayeron todas las monedas por el suelo. ¡Menudo estropicio! ¿Cómo podía ser que ese chico la pusiera tan nerviosa? Adri se agachó a la vez que ella

sin calcular la distancia y se dieron tal cocorotazo que a Lucía se le escapó un ¡AY! más ruidoso de lo que pretendía.

—Pues sí que estamos torpes. —Adri se llevó también la mano a la parte de la frente donde había recibido el golpe.

—Perdona, hoy estoy fatal...

—Serán los nervios —respondió él dirigiéndole una sonrisa cautivadora.

Lucía por poco se derrite. Cogió el vaso de Fanta y bebió un buen trago de golpe en un intento por calmarse. Adri se hizo con las palomitas y, después de preguntarle si estaba lista, la llevó a la sala que les tocaba.

Las butacas no estaban nada mal, no tenían a nadie a los lados y quedaban justo en el centro, así que la vista era buena. O eso pensaba ella, porque, de pronto, entró un gigante (eso le pareció) y, de toda la fila, que estaba completamente vacía, se sentó justo delante de su asiento. ¿Aquello era una broma o qué? Adri observó la situación con una mueca divertida y comenzó a reírse al distinguir entre las sombras su cara de resignación. Fue entonces cuando le preguntó si veía bien la pantalla y, aunque Lucía le respondió que sí, él insistió en cambiarle el sitio y colocarse él detrás del gigante: para él no era ningún incordio, como mucho le tapaba una esquinita de la pantalla.

—¿Mejor? —volvió a preguntarle.

Estaba superpendiente de ella, pero a Lucía se le estaba empezando a despertar un sentimiento de rechazo, de inseguridad, que no sabía cómo encajar: estaban sucediendo demasiadas cosas malas en poco tiempo como para ignorarlas. Antes, las señales del destino la habían guiado hasta esa butaca, al lado de ese chico impresionante, pero en ese momento todas ellas indicaban que el sitio que debía ocupar Lucía no era ese en absoluto. Tenía la sensación de que el destino había hablado. ¿Cómo iba a ignorarlo? Se prometió que, como sucediera una sola cosa mala más, abandonaría. Sí, le pareció lo más sensato después de lo visto.

Las luces de la sala acabaron de apagarse y primero proyectaron varios tráilers de otras películas. Lucía trató de concentrarse en ellos, eso era fácil. No tenía por qué pasar nada más... De vez en cuando miraba de reojo a Adri, que comía palomitas sin cesar y se reía cada vez que en la pantalla se hacía un chiste. Lucía empezaba a tranquilizarse. Estaban sentados, como dos amigos cualesquiera y a gusto, ¿no?

Pues sí, Adri debía de estar muy a gusto, porque, justo cuando tras el pantallazo negro comenzaron los créditos de la película que estaban a punto de ver, entregó las palomitas a Lucía y alargó su mano para buscar la de ella. La

posó encima como si fuera lo más normal del mundo, igual que había hecho hacía una semana anterior al cogérsela en plena calle. Pero Lucía no pudo evitar dar un respingo al tiempo que separaba la mano de la de Adri, porque, al contrario que él, ella no esperaba ese gesto. PARA NADA. Y ya estaba bastante convencida de que tampoco lo quería. Cómo no, con el salto algunas palomitas saltaron del cubo y acabaron desperdigándose por el asiento, el suelo y, por supuesto, encima del top que había escogido con tanto cuidado después de una hora delante del espejo probándose tropecientos.

—¿Estás bien? —Adri la miraba divertido.

Ella no supo qué responder. ¿Estaba bien? Se había prometido que si sucedía algo más se marchaba... Una vibración atravesó su bolso seguida de un pitido estridente. Vaya, también se le había olvidado desconectar el móvil o, como mínimo, silenciarlo. El gigante de delante chistó molesto y Lucía se disculpó cuando Adri la miró. Rápidamente, sacó el móvil de su bandolera: acababa de llegarle un whatsapp. Y, claro, para rematar la tarde, no podía ser de otra persona que de Eric...

T puedo llamar?

Lucía escondió el móvil un momento mientras pensaba en qué debía hacer. Adri había devuelto su atención a la película, despreocupado, así que podía responder tranquila.

Toy n cine

Ok. E stado sin movil, xrdon

¿¿¿???»

Xrdi krgador n viaje a Florncia y asta q e ncontrado 1...

Exaba d mnos ablar cntigo

No encontraba las palabras adecuadas... Se sentía fatal: Eric no la había ignorado para irse por ahí con su querida Mía, solo había estado incomunicado. Pero ella estaba ahí en el cine, con otro chico que insistía en cogerle la mano... Eso sí que estaba mal. Se acabó, no iba a seguir ese camino. Se puso de pie de golpe sin pensarlo más.

—¿Qué te pasa? —Adri se levantó inmediatamente. Su mirada ya no era de diversión, más bien todo lo contrario.

Los que estaban en las butacas traseras les pidieron que se sentaran, pero ellos no los escucharon.

—Tengo que irme. —Lucía cogió su bolso y dejó en la butaca de al lado las palomitas con la bebida.

—Pero ¿por qué? ¿Te he molestado? —gritó Adri sin importarle las quejas. Empezaban a sonar también algunos silbidos.

—No me encuentro bien, lo siento. Es que, es que... Es que tengo novio.

Ya está, lo había dicho. Adri se quedó paralizado y Lucía no se entretuvo más. Pobrecillo, no se merecía lo que le estaba haciendo. Aunque era un poco pulpo, era buen chico y la trataba como a una reina, y hasta ese momento nadie le había dicho que ella ya tenía novio. Apartó la mirada y se alejó de él mientras le repetía mil quinientas veces que lo sentía muchísimo, palabras que también debía referir a otra persona que no estaba en ese cine ni en esa ciudad, sino a cientos de kilómetros, y no veía el momento de salir de allí para hablar con él. Por eso, cuando llegó a la calle y descubrió que estaba diluviando (y ella sin paraguas), decidió ignorar el agua que jarreaba y calarse de los pies a la cabeza con tal de alejarse del cine y llegar a casa cuanto antes. Necesitaba hablar con Eric sin distracciones. Solo le quedaba una duda: ¿le contaba la existencia de Adri o le ocultaba el secreto?

BEA:
T a dixo ke vndra a vr l anuncio? ♥♥♥

LUCÍA:
Yes

FRIDA:
S l a ocurrido a l solito?

LUCÍA:
Yes

MARTA:
Ke dtalle...

FRIDA:
L xico s lo curra

LUCÍA:
Ke ago cn Adri?

MARTA:
Dile ke podeis sr amigos

LUCÍA:
Xo s lo cuento a Eric?

FRIDA:
Tmpoco as exo nada... No ace falta

BEA:
Has quitado la mano y l has dixo ke tienes novio

MARTA:
Bah! Yo i doy la mano asta al frutero

FRIDA:
Tas exa una Dja algo xa las dmas!

BEA:
Eso...

LUCÍA:
Tu no ables. Tienes a Aitor lokito

BEA:

FRIDA:
Solo falto yo...

LUCÍA:
Sin notis de Marcos?

FRIDA:

BEA:
Nstrs tmpoco!

MARTA:
L s lo pierde...

FRIDA:

LUCÍA:
ZR4E!

23

Voz, ¿dónde te has metido?

Al abrir los ojos por la mañana no sabía ni en qué día estaba. Era lo que tenía el verano, y también que llevara varios días durmiendo regular... Definitivamente, eso de guardar secretos no era lo suyo, nunca lo había sido. Desde que el sábado casi la fastidiara con Eric, los sueños la dejaban hecha polvo y se despertaba más cansada de lo que se había metido en la cama. Pero, claro, si soñabas que te dejabas las tripas corriendo en una carrera que no acababa nunca, no podías despertarte de otra manera... Sí, exactamente eso era lo que estaba viendo Lucía antes de abrir los ojos. Y por mucho que se esforzara, la meta no llegaba. La ansiedad se parecía bastante a lo que ella experimentaba cada vez que Eric le enviaba un whatsapp desde lo del cine (y ya habían pasado casi dos días, porque, sí, definitivamente era lunes). Por lo menos Adri no había vuelto a dar señales de vida y eso era bueno... La tentación se había acabado. Procuraba distraerse con cualquier cosa, pero no era fácil: se había pasado el domingo con Lorena ultimando el menú que pondrían en la fiesta de cumple de Aitana, y la mujer de su padre también le había pedido que pintara un mural decorado en el que pusiera

Feliz cumple, princesita

que ya tenía casi acabado.

El domingo por la noche se fue con Lorena, su padre y Aitana a la hamburguesería, y se zampó un menú completo con patatas fritas grandes y bebida gigante. Eso que decían las revistas como *Cosmopolitan* o *In Touch* de que la ansiedad da hambre le parecía de lo más acertado.

Sí, estaba deseando que Eric llegara a Barcelona, si no, entre dormir poco y comer mucho, su aspecto se iba a ver un tanto perjudicado. Necesitaba que estuvieran cara a cara y todo volviera a ser como antes de que se marchara. Aquella separación había sido, como poco, un infierno. Eric le había prometido estar en el rodaje del anuncio, y para eso solo faltaban dos días.

¡Cuánto le estaba costando salir de la cama! Se dio la vuelta en dirección a la ventana al tiempo que suspiraba para deshacerse de la angustiosa sensación que le había provocado el sueño. Por la persiana a medio bajar entraba un sol de lo más intenso. Aquel tenía que ser un buen día. Se incorporó para ponerse las chanclas, desperezándose con los brazos bien estirados. En el lavabo, el agua fría del grifo logró que abriera bien los ojos al menos. Aunque más le hubiera valido mantenerlos cerrados... Al mirarse en el espejo, por poco le da un síncope: estaba horrible. El pelo enmarañado aparentaba tener incluso nudos por algunas zonas, y las sombras que oscurecían sus ojos no la favorecían nada. Más que en una carrera nocturna parecía haber participado en una pelea callejera. Si no quería que el día del rodaje la taparan con una máscara, ya podía procurar dormir plácidamente las dos noches que le quedaban.

—¡Buenos días! Hoy hace un día estupendo —exclamó José María cuando la vio aparecer en la cocina.

Lucía se dejó contagiar por su entusiasmo y le dedicó la mejor sonrisa que pudo.

—Uf, estás horrible —la saludó su madre, en su línea, devolviéndola a su estado inicial.

—Gracias...

Lucía se dio cuenta de que la palabra que acababa de pronunciar no había sonado. Al menos ella no la había oído. Sorprendida, intentó repetirla:

—Gracias.

Pero solo sonaba una especie de silbido a lo ultratumba que daba como miedo. No podía ser... ¡Lo que faltaba! ¿Dónde se había escondido su voz?

—¿Qué pasa? ¿No puedes hablar?

—No lo sé.

Nada, no había manera: por mucho que lo intentaba, las palabras se le atragantaban en la boca, y a cambio solo conseguía ruidos incomprensibles y dolor de garganta.

—Creo que estás afónica, Lucía. ¿Te duele la garganta? —preguntó José María preocupado.

—Si es que... Con esos modelitos tan ligeros que llevas, el aire acondicionado, los choques de calor... ¡No me extraña!

María comenzó a hilar una cadena de protestas sobre los hábitos de su hija y enumeró algunas evidencias que los adultos se sienten obligados a repetir en circunstancias como esa: los cambios de temperatura, bla, bla, bla... Entonces Lucía recordó que el sábado había regresado del cine en pleno diluvio universal. Había llegado a casa de su padre con la ropa empapada y, a pesar del calor que hacía, con un poco de tiritona. No, el aire acondicionado no tenía nada que ver con esa afonía, se la había ganado ella solita a pulso.

—Mamá —intentó quejarse de su monserga sin conseguirlo.

¡Qué impotencia! Lucía no tuvo más remedio que escuchar aquello hasta el final; ya no había quien callara a María. ¿Cuánto tiempo tardaría su voz en volver? Un momento... ¡NOOOOOO! Acababa de caer en algo terrible...

—Y el anuncio ¿qué? —continuó su madre en voz alta como si acabara de leerle el pensamiento.

Quizá el pensamiento no, pero sí debía de haber percibido el verdadero espanto en su cara. Dos días, eso era lo que faltaba para el rodaje del miércoles, ¿volvería su voz en ese tiempo? No le parecía muy probable... María comenzó a negar con la cabeza en silencio y Lucía supo perfectamente lo que no pronunciaba: la había vuelto a fastidiar. Tuvo ganas de volver a la cama y no salir hasta que pasara todo aquello. Ojalá fuera solo un sueño, como el de la carrera. Vaya manera de empezar el día... ¡Qué estúpida había sido yendo al cine con Adri! Se tenía que haber quedado en casa. Lo que estaba sucediendo a raíz de aquella mala decisión parecía un castigo divino.

—Los vahos de eucalipto son lo mejor. —José María intentó salvar la situación. Le explicó que si los hacía varias veces al día, se curaría antes.

—Antes sí, pero ¿a tiempo? —María miró a su marido como si el pobre hombre tuviera todas las respuestas.

Él le dijo algo que Lucía no escuchó, porque ya no le importaba. Se sentó a la mesa delante de su Nesquik con la cabeza baja. No podía sentirse peor. María se sentó después a su lado y, justo cuando pensaba que iba a volver a soltarle otra de sus pullas cerca del oído para que la escuchara bien, le pasó el brazo por la cabeza enmarañada y le dio un beso. Lucía se volvió para asegurarse de que ningún alienígena había tomado prestado el cuerpo de su madre.

—No te preocupes. Si no te recuperas, que lo haga otra amiga tuya. Son imprevistos de los rodajes, no es la primera vez que pasa.

Aquella no era su madre, ni mucho menos. José María debía de haberle dicho algo que ella se había perdido y que la había dulcificado no sabía cómo. Lucía pronunció sin su voz:

—Lo siento.

—No tienes la culpa.

Volvió a su Nesquik. Sí, sí que tenía la culpa. Solo ella lo sabía y no podía negarlo. Pero iba a encontrar una manera de arreglarlo. TODO. Ahora, bien, cómo iba a hacerlo, eso ya era otro cantar.

24

SOS, reunión de emergencia

—¿A quién se lo decimos? —escribió Lucía con el rotulador negro.

No podía hablar más que a través de una pizarrita... ¡ridículo! Bea le había prestado la que utilizaban en casa para apuntar la lista de la compra y estaba en la buhardilla «hablando» con ella y con Frida sobre lo que le había aconsejado su madre: debían encontrar a una candidata fiable para participar en el anuncio en menos de dos días. ¿Imposible? JA.

Susana se retrasaba. Después de que Lucía las informara por WhatsApp de la crisis ante la que se encontraban y de la necesidad de una reunión de emergencia para esa misma tarde, Susana había avisado de que antes tenía que hacer algo y llegaría más tarde. A veces a Lucía todavía le sorprendía el misterio que rodeaba a esa chica, que se había convertido en parte fundamental del grupo en el primer año de la ESO. Y pensar que unos meses antes ni siquiera se hablaban... ¡Cómo te sorprenden las cosas! Como esa afonía con la que no contaban y que había puesto todos sus planes patas arriba.

Lucía se había pasado una hora con la cabeza sobre una olla con agua hirviendo inspirando eucalipto mientras su madre, al lado, procuraba tranquilizarla (a ella y a sí misma), ofreciéndole palabras de ánimo sobre lo pronto que iba a volver a hablar. Como apenas hacía calor, ¡solo cincuenta grados a la sombra!, pues los goterones de sudor habían acabado por embadurnarle el pelo y hasta el pijama. Al acabar los vahos, había levantado la cabeza de la olla (sin saber qué respondía más a esa palabra, si su cabeza o el objeto que tenía delante) con la sensación de haberse pasado una hora en una sauna. Le dolía el cuello y tenía tanto calor que temía que cualquier corriente de aire pudiera ayudar a que su afonía fuera a más. Lucía huyó directa a la ducha y en unos minutos salió oliendo a su Amor Amor, vestida y peinada como una persona nueva. Curioso lo que el agua puede llegar a lavar.

—Marta está totalmente descartada, ¿no? —Frida se puso de pie para asomarse por la ventanita de la buhardilla que daba al jardín de Bea.

El cielo estaba de color naranja, el lunes no tardaría en acabar y ellas seguían sin encontrar una solución a su problemón. Habían mencionado nombres de primas y vecinas al azar, pero con todas encontraban algún inconveniente y siempre acababan regresando a la única solución que les quedaba: Marta.

Lucía negó con la cabeza y Bea, sentada a su lado sobre los cojines, se encogió de hombros: así era. Esa vez Marta no podría salvarlas, había elegido a Kay. Lucía apretó los labios y se dejó caer, frustrada, sobre los cojines que tenía a su espalda, refunfuñando sin voz. Pero su amiga no tenía la culpa: si no se hubiera quedado afónica no estarían en esa situación. Abrió las manos para volver a hacer la misma pregunta:

—Entonces ¿quién?

La pregunta quedó flotando en al aire, porque nadie tenía la respuesta. De pronto sonaron unas pisadas que subían las escaleras y las tres se volvieron para averiguar de quién se trataba. Todas esperaban ver a Susana con su camiseta oscura y sus piercings, pero no: Pablo, el hermano mediano de Bea, asomó la cabeza de pelo castaño y las miró a través de sus gafas.

—¿Qué quieres, friki? —le preguntó Bea, porque, realmente, su hermano respondía a esa cualidad. Siempre estaba delante de la consola o del ordenador jugando o pasándose todos los juegos habidos y por haber.

—¿Tienes tú mi cable HDMI? —preguntó con tono autoritario sin saludar a nadie, estirándose su camiseta de God of War.

—¿¿¿Tu qué???

—Mi cable HDMI.

—No sé ni lo que es eso, ¿para qué te lo iba a coger yo?

Bea comenzó así una discusión con Pablo, que echaba pestes por la ignorancia de su hermana. ¿Cómo podía no saber lo que era un cable HDMI si lo utilizaba cada vez que veía una película de Blue-Ray? Ninguna de las chicas comprendió una palabra de lo que decía Pablo, que se fue con las manos vacías y un enfado de mil demonios.

—Me saca de quicio —resopló Bea cuando se hubieron quedado otra vez solas.

Con lo tranquila que era, parecía que solo sus hermanos tenían la virtud de hacerle explotar esa vena tan escondida.

—Los hermanos solo sirven para eso. —Frida se refería a Dani, «Bola de Sebo», como ella llamaba a su hermano.

—Tendré que llevar al mío por el buen camino cuando llegue —escribió Lucía en su pizarrita pensando en el bebé que llegaría en pocos meses.

La conversación, entonces, se desvió hacia ese tema: ¿cómo llevaba Lorena el embarazo? ¿Y Aitana? Lucía les dio detalles mediante rápidos esquemas y croquis de lo más cómicos sobre los celos de su hermana y la enorme talla que había alcanzado Lorena, que le había cogido gusto (quizá demasiado) a los donuts de chocolate. De esa manera se calmaron algo los ánimos y olvidaron momentáneamente el conflicto que les planteaba su afonía. Justo en ese momento volvieron a sonar unos pasos en las escaleras. Bea se levantó de un salto y fue a echar la bronca a su hermano para que no volviera a incordiarlas con sus cables.

—¡Pírate, Pablo!

Entonces se topó de frente con Susana.

—Siento el retraso, pero no te pongas así, niña... —bromeó Susana.

—Pensaba que eras mi hermano. —La cara de Bea mutó de la irritación al júbilo en un segundo.

—Mirad lo que me he encontrado por el camino... —Susana señaló con la mano hacia atrás.

—¿¿¿Qué pasa, tíaaas???

A su espalda apareció Raquel, que subió corriendo las escaleras que faltaban y se acercó a donde estaba Bea.

—No veas el carácter que sacas cuando quieres, ¿eh? —la chinchó dándole un abrazo.

—*Welcome*! —gritó Frida, al tiempo que corría hacia ella.

Lucía se levantó de un salto y acabaron botando todas juntas y abrazadas.

—En cristiano, por favor... ¡Llevo todo el mes escuchando hablar inglés y estoy un poco hasta el moño!

Raquel se separó del grupo para ponerse cómoda en la zona de cojines. A diferencia de ellas, no estaba tostada por el sol, a pesar de haberse pasado el mes al aire libre. Tampoco estaba en plan fantasma, pero tenía la piel mil veces más pálida que Lucía. Era lo que tenía pasar gran parte del verano en la capital de un país en el que casi no sale el sol. Londres podía ser muy bonito, pero pasar el verano allí era como irte en Navidad a California a surfear... Raro.

Las chicas tomaron asiento y comenzaron a preguntarle por su *stage* de vóley, del que Raquel solo contó maravillas. Lo mejor era que había estado un mes enterito alejada de sus hermanas, con las que no se llevaba demasiado bien. Raquel había aprendido muchísimo y se lo había pasado bomba con compañeras estupendas. El inglés tampoco lo llevaba mal, había aprovechado para practicar un poco, sí. Sobre todo con algún que otro chico local. Susana le propinó un codazo y le exigió que diera detalles, pero Raquel contraatacó diciendo que ella era una señorita y que no era de las que vacilaba. Por lo menos, el chico en cuestión era de su altura (bastante considerable), muy distinto a Jaime, el amigo de Eric con el que había estado tonteando el curso anterior, pero con quien no había tenido contacto en todo el verano.

—Hablando de chicos. ¿Sabéis con quién me encontré? —soltó de pronto.

Ante el silencio de todas, Raquel prosiguió sonriente:

—¡Con Marcos! —guiñó un ojo a Frida, que rápidamente se sonrojó. Bajó los ojos a sus manos, que habían empezado a juguetear con el cordón de las deportivas blancas que se había puesto ese día.

—¿Y qué tal? —preguntó esforzándose en sonar normal pero sin conseguirlo.

—Pues me preguntó por ti, me dijo que hacía tiempo que no hablabais y que cómo te iba.

Frida tragó saliva y le pidió que continuara. Raquel relató con todo lujo de detalles como Marcos había acudido a ver el *stage* porque en las mismas instalaciones hacían uno de baloncesto y quería información para hacerlo otro año. Estuvieron hablando un ratazo sobre cómo era aquel lugar y también sobre lo que él estaba haciendo en Londres.

—¿Y qué ha hecho? —quiso saber Frida sin darle tregua.

Raquel cogió una botella de agua que llevaba en el bolso y le dio un trago antes de continuar, pero Frida, impaciente, movía la rodilla arriba y abajo con las piernas cruzadas.

—Aburrirse como una ostra.

La cara de Frida se iluminó y animó a su amiga con la mano para que siguiera hablando. Parecía que Marcos no había encajado demasiado bien en Londres. Había conocido a algunos tíos majetes, pero las inglesas le parecían todas demasiado suyas y, a excepción de un par de locales a los que había ido a ver conciertos de britpop, tampoco había salido mucho por ahí. Había conseguido trabajar algunos días sueltos en un local en el que se servían *bagels* (esas rosquillas de pan medio crujiente) y, como no tenía mucha pasta (sus padres le habían cortado el grifo después de que no hubiera sacado la nota y tuvieran que pagarle la universidad privada), tampoco había podido conocer demasiado de los alrededores.

—Total, un fracaso de viaje —concluyó Raquel.

—No es que me alegre...

—Nooo, ya, seguro que nooo —Raquel le dio una palmada en el muslo.

—¡Ay, pica! —Frida se la devolvió y Raquel respondió dándole un cojinazo. Pronto todas se estaban dando candela entre risas.

Hacía mucho que no estaban las cinco juntas y parecían haberse olvidado de lo bien que se lo pasaban. Aunque Raquel y Susana no formaban parte del Club de las Zapatillas Rojas, a lo largo de ese año habían demostrado ser grandes amigas. Quizá con el tiempo podían acabar entrando...

—Y por aquí ¿qué tal? —preguntó Raquel cuando se hubieron calmado.

Lucía entornó los ojos y se señaló la garganta, después dirigió el pulgar al suelo.

—¿No puedes hablar? Tendrás que aprender lengua de signos, tía.

Lucía escribió en su pizarra:

—JA, JA, JA, me parto.

Y, efectivamente, las demás se partieron. Pero Lucía les recordó que el asunto no era para dar risa, necesitaban cubrir su papel en el anuncio porque, si no, su madre no volvería a contar con ella para nada nunca más.

—¿Puedo hacerlo yo? —se ofreció Raquel de repente.

Lucía abrió mucho los ojos y miró a las chicas como para que alguna respondiera en voz alta (algo que ella no podía hacer).

—¿Estás segura? ¿Te apetece? —preguntó Frida tan sorprendida como las demás: todas conocían la poca sensibilidad de Raquel por la moda en general, y por la publicidad en concreto. Ella era más de documentales y reportajes del Discovery.

—Bueno, no es mi ideal de verano, pero si me necesitáis...

Lucía dejó la pizarra a un lado, se levantó y se abalanzó sobre Raquel tirándola al suelo. Ni por esas le soltó el cuello...

—Tranqui, tía, no pasa nada.

Si Lucía hubiera podido hablar, le habría explicado que sí pasaba, porque, aunque ella no le diera importancia, la estaba salvando. Le dio las gracias de todas las maneras que pudo.

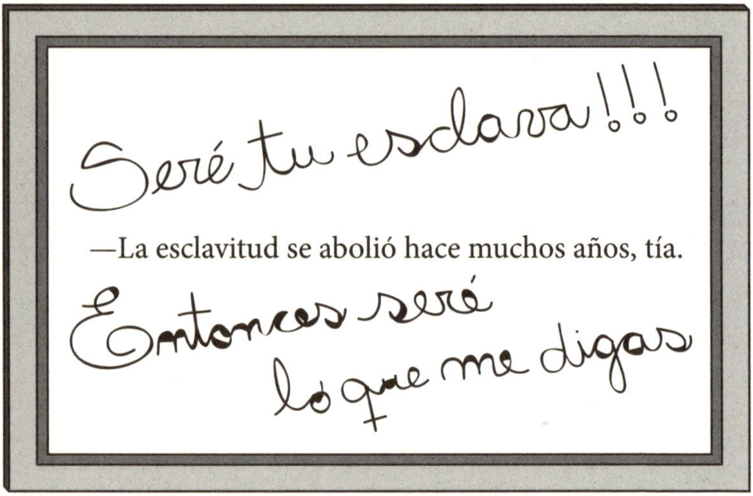

Pidió a las demás que le explicaran en qué consistía su papel y el anuncio, y después pasaron el resto de la tarde ensayando. Ya tenía sustituta, solo faltaba que el señor director continuara pensando que el casting era perfecto. Eso y que Bárbara, la de vestuario, pensara un nuevo conjunto para Raquel, que la doblaba en altura. Todo aquello le parecían menudencias fáciles de resolver, la verdad. Esperaba que su madre opinara igual...

25
Besos con chocolate

Pues sí, el eucalipto e inflarse a infusiones de tomillo, aconsejada, por su abuela Agustina, acabaron por hacer efecto, porque su voz volvió justo cuando llegaba a la Barceloneta en el coche con su madre.

Ya desde el asiento distinguió que el ambiente allí resultaba de lo más estimulante, además de estresante. Se había desplegado todo un equipo de maquinaria y de personas que había transformado la playa en un escenario de película. A lo lejos distinguió al director, atareado con sus ayudantes y dirigiendo el cotarro. Bárbara estaba preparada junto a una carpa que se había instalado con todo el vestuario finalista seleccionado. Había sido gracias a su madre, y a nadie más, que la italiana aceptara añadir un conjunto nuevo para Raquel. Lucía imaginaba la forma en que su madre se habría dirigido a la borde esa con tal de conseguir su propósito; la verdad era que muy pocas personas se atrevían a llevarle la contraria cuando sacaba su ogro interior. Lo sorprendente era que, con ella, María había acabado siendo mucho más comprensiva de lo que Lucía jamás habría imaginado; incluso le había dado la enhorabuena por saber encontrar soluciones rápidas a los imprevistos, quizá porque había visto como se dejaba los sesos buscando soluciones. Lucía había memorizado la frase y la recordaría siempre: no era nada fácil que su madre pronunciara un halago y no sabía cuándo volvería a suceder. Seguramente no en ese preciso momento...

—Mamá... —pronunció Lucía en voz alta.

María la miró con los ojos muy abiertos.

—¿Ya está?

Lucía asintió, convencida y sonriente, moviendo el flequillo adelante y atrás: ¡sí, ya estaba, su voz acababa de volver! Así, sin avisar.

—A buenas horas...

—Como si yo pudiera controlarlo...

—Ya, bueno, ahora eso es lo de menos. Raquel te sustituirá.

Lucía se quedó mirando a su madre muy seria sin atreverse a decir lo que tenía en la cabeza: ella quería salir en ese anuncio, pero tampoco iba a expulsar en el último momento a Raquel.

—No me mires así, las cinco no podéis salir. No hay más que decir.

María apartó la mirada de su hija para evitar una de esas expresiones que pretenden ir directas al corazón de una madre. En lugar de eso, esta dirigió sus ojos inseguros hacia el set de rodaje y después animó a su hija a salir del coche. Ya había hecho todo lo posible para que el anuncio pudiera realizarse correctamente, solo le quedaba ser profesional y comportarse como una espectadora más. Lucía acabó dándole la razón. Después de lo que le había costado lograr el nivel de madurez que se había propuesto ese verano no iba a tirarlo todo al cubo de la basura por un capricho de niña pequeña... **ELLA YA NO ERA NINGUNA NIÑA PEQUEÑA.**

—¡Lucía!

En la distancia divisó a Frida moviendo el brazo en el aire. Estaba con las chicas, en corro, junto a la mesa con el desayuno que habían preparado para todo el equipo. Ni siquiera le hizo falta acercarse para percibir todos esos cruasanes de chocolate, magdalenas, sándwiches, tostadas, zumo, leche, café, que se distribuían a lo largo y ancho dispersando un aroma a dulce y salado a través de la brisa marina que rápidamente afectó a las tripas de Lucía, que comenzaron a sonar. Con los nervios, esa mañana no le había entrado ni una miga de pan en el estómago. Fue directamente a por los cruasanes de chocolate, lo primero era lo primero. Ya con el primer bocado apaciguador del hambre, Lucía se acercó a sus amigas.

—¡Tenemos novedades! —exclamó Frida antes que las demás.

Estaba esperando a acabar de masticar el cruasán para decirle a viva voz que ella también tenía novedades, cuando se le adelantaron: las chicas abrieron el corro y detrás de Raquel y Frida apareció la última persona del mundo que esperaba encontrar allí.

—¡Marta! —Se arrojó sobre ella con la boca todavía llena y le plantó un beso con chocolate. Tras limpiárselo con la servilleta de papel, se comió lo que quedaba de cruasán de un mordisco.

—¿Desde cuándo tienes voz? —preguntó Raquel, al darse cuenta de la otra novedad igual de importante.

—Desde ahora. Me acaba de volver. Las infusiones de tomillo de mi abuela Agustina han hecho posible el milagro —confesó Lucía cuando hubo acabado de masticar.

Después se dirigió a Marta, curiosa. ¿Qué había pasado? Le preguntó por Kay y la comida superoficial que supuestamente tenía ese día con la familia de él.

—Pues nada... Que estuvimos hablando los dos de que ya era hora de poner en práctica nuestro plan de desobsesión. ¡Y me he venido! Sus padres pueden esperar. —Marta se apartó de la cara la melena rubia casi blanca y suspiró profundamente. Se la veía orgullosa de su decisión.

Explicó a las chicas que no podía dejar que nadie se antepusiera a ellas y que Kay lo había entendido perfectamente; él había aprovechado para irse a ver a unos amigos también. Había hablado con las chicas nada más tomar la decisión y ultimado los detalles para que pudiera escaparse unos cuantos días y ver el rodaje. Le habían hecho un hueco y dormiría en la buhardilla de Bea. Lucía y las demás le demostraron con palabras de agradecimiento lo inmensamente contentas que estaban de que estuviera allí con ellas. Ese día iban a disfrutar de lo lindo, aunque no salieran todas en el anuncio.

—¿Cómo que no? —preguntaron a la vez Susana y Raquel, conscientes de que ellas eran las que sustituían a las que en principio no podían participar y que al final sí podían.

Sin esperar la respuesta de Lucía, se acercaron a María con paso seguro. Lucía temía oír en breve los alaridos de su madre y sentir su mirada asesina diciéndole: «¿Qué te he dicho ya?». Así que se dio la vuelta para evitarla. Ojos que no ven...

—¿No iba a venir Eric hoy? —Frida miraba alrededor. A pesar de lo temprano que era, se había empezado a congregar alrededor del rodaje un grupo de curiosos que crecía por momentos.

Lucía tenía tantas cosas en la cabeza que casi se le había olvidado: ¡era verdad! Eric le había prometido asistir al rodaje del anuncio publicitario para darle ánimos (aunque ya no participara). Todavía faltaba una hora de preparación, tenía tiempo de sobra para llegar.

—¡Solucionado! —sonó la voz de Raquel.

Al volverse, Lucía se encontró con Susana, Raquel y María de frente. Resultaba difícil leer la expresión de su madre; cuando estaba en el trabajo parecía que solo tenía una: la más formalísima. No, Lucía no podía permitir que Raquel y Susana se quedaran sin salir en el anuncio porque Marta y ella estuvieran presentes, tenía que decírselo.

—Mamá, no hace falta que...

—Ya he hablado con el director —la interrumpió. Lucía se mordió el labio esperando oír algo que no le parecería nada justo.

—Le parece bien que salgáis todas: dice que cuantas más chicas mejor —la sorprendió María.

—**¡¡¡¿¿¿Qué???!!!** —Su voz se convirtió en un aullido desafinado.

—No hagas tonterías, no vayas a quedarte sin voz otra vez —le advirtió María.

Los ojos y la boca hiperabierta no le cabían en la cara a Lucía. Sin pensarlo, se lanzó sobre su madre y la abrazó. Parecía que, definitivamente, aquel era el día de los abrazos. Pero es que estaba taaan contenta que no lo podía evitar. María no pudo evitar tampoco cambiar su mueca formal por una leve sonrisa.

—Venga, id ya a prepararos.

Las chicas se alejaron del desayuno y se fueron a buscar a Bárbara para que les diera las prendas que les tocaban.

—**¡¿Otra vez tú?!** —exclamó Bárbara recogiéndose el moño con el lápiz de siempre al ver aparecer a Lucía.

—Sí, ¿me devuelves mi vestuario?

—¡Tú ya no trabajas en el anuncio! —respondió Bárbara levantando mucho la voz.

—Sí trabajo. Pregúntaselo a tu director...

Bárbara no se lo pensó dos veces. Se acercó al director, que estaba con su séquito junto a la mesa del desayuno, y rápidamente los gritos de la italiana se oyeron por encima del rumor de las olas del mar. Levantaba los brazos en el aire y movía la cabeza. Aunque Lucía no entendía lo que decía, no sonaba nada bien; entonces se enteró de que el director era también italiano, claro, como a ellas nunca les había hablado directamente más que por signos... Lucía temió que se echara atrás en su decisión después de la disputa con la de vestuario. ¡Solo faltaba eso! Al final fueron testigos de como el señor director acariciaba de un modo sospechosamente cariñoso la espalda de Bárbara para darle después

un beso en todo el morro. ¡Alucina! Que eran pareja... Lo que les faltaba, así tenían la batalla perdida antes de que empezara incluso.

Bárbara regresó con la cabeza escondida entre sus huesudos hombros bajo la mirada intrigada de las chicas. Sin pronunciar palabra, casi les estampó en la cara dos perchas a Marta y a ella antes de alejarse hacia la mesa del catering. Allí se bebió dos tazas seguidas de la jarrita con el cartelito de tila. ¡Sí, habían ganado, menos mal!

Las chicas no pudieron aguantarse la risa y tuvieron que meterse en la carpa con la ropa rápidamente: ¡todo con tal de impedir que Bárbara volviera a entrar en cólera! Desde luego, aquel mundillo estaba lleno de gente de lo más rarita. ¡Con todo el rodaje por delante, podían pasar tantas cosas todavía!

26

¡Rodando!

—Me encanta pasear por la playa.

—¡Corten! —interrumpió a Marta el director.

—¿Otra vez? —Lucía miraba a su madre, quien a su vez hablaba con el de las gafas de pasta señalando el reloj.

Llevaban varias horas intentando decir las frases y cada vez que lo intentaban sucedía algo: primero habían sido los brillos en las caras de ellas, que Ana la maquilladora se había encargado de arreglar rápidamente; pero como el sol pegaba fuerte y ellas iban vestidas para octubre o noviembre, no para septiembre, los polvos no duraban más que dos movimientos de cabeza. Después fue un frisby que se había colado en escena proveniente de un grupo de chicos que jugaban unos metros más lejos. En esa ocasión, el director señaló hacia el mar con ambas manos y, solo entonces, Lucía se percató de cuál era el motivo de aquella pausa: una moto de agua circulaba tan campante por el mar levantando espuma.

—¡Entra en plano! ¿Alguien puede sacarla? —gritó frenético el director.

María se acercó a la boca el walkie-talkie que llevaba en las manos y, al instante, uno de los chicos que se había pasado gran parte de la mañana en la mesa del desayuno se acercó a la orilla y comenzó a saltar moviendo los brazos para llamar la atención del motorista acuático. El director chistó enfadado, se levantó de su fabulosa silla y comenzó a negar y a llevarse las manos a la cabeza. Ese día no llevaba boina, faltaría más... con el calor que pegaba a esa hora de la mañana solo necesitaba la dosis extra de abrigo para agarrarse un buen sarampión. María se acercó al joven que brincaba en la orilla cayéndole la gota gorda y, tras soltarle algo que Lucía no alcanzó a oír, el chico se quitó la ropa tan deprisa como pudo y, sin dudarlo, se metió en el agua y comenzó a nadar mar adentro. María se retiró satisfecha hacia el punto donde el director seguía echando pestes.

—*Tutto é un disastro!* ¡La luz va a cambiar! —gritaba el hombre histérico, mezclando el italiano con el español.

El chico que nadaba mar adentro (con bastante soltura, todo hay que decirlo) tardó unos minutos en llegar hasta la moto de agua, que no le prestó atención en un primer momento y se pasó un rato dando vueltas a su alrededor. Todo el equipo estaba muy pendiente de la acción. El director parecía estar a punto de explotar gritando cosas ininteligibles en italiano y Lucía sintió auténtica lástima por ese chico: ¡qué trabajo más duro el de pasarse el día obedeciendo a su madre!

Cuando la moto al fin decidió dejar de vacilarle y paró donde estaba el pobre manteniéndose a flote como podía, tras una breve conversación de pocos segundos, cambió el rumbo de su ruta y se alejó en la dirección opuesta a la del lugar del rodaje.

—¡Todos a sus puestos! —gritó María y absolutamente todo el equipo la obedeció.

Las chicas no se habían atrevido a decir palabra en todo ese rato, temerosas de que también a ellas las hicieran ir en busca de una moto de agua o, ya puestos, de un globo aerostático. Así que obedecieron y se aseguraron de estar exactamente en las posiciones que les habían marcado desde un primer momento.

—**¡Acción!** —gritó el director.

—Me encanta pasear por la playa —dijo Marta.

—¡Mira cómo brilla mi camiseta! —respondió Lucía.

—Sí, a juego con el sol —soltó Raquel.

—Y con tus ojos —dijo Bea.

—¡O con los tuyos! —bromeó Frida.

—Uy, pero qué graciosa eres —añadió Susana.

—No más que tú, nena —concluyó Lucía al tiempo que le propinaba un empujoncito a Frida, que respondió persiguiéndola mientras las otras corrían con ella.

Comenzaron así un juego entre ellas tal como habían hecho en la prueba en la que fueron elegidas, aunque en ese momento eran seis amigas, no cuatro. No podían negar que Susana y Raquel cada vez estaban más integradas en el grupo. Eso de estar realmente en la playa y poder actuar tal como eran las ayudó a olvidar las cámaras, las pantallas, los focos y a todos esos desconocidos que las vigilaban. Las chicas estaban resplandecientes, con el sol intenso y el cielo totalmente limpio de nubes.

Corrieron por la orilla, echándose pequeñas dosis de agua con las manos para no manchar el vestuario (que después sería suyo, ¡SÍ!); Lucía se subió a caballito de Frida, Bea abrazaba a Susana, Marta perseguía a Raquel...

—Y... **¡corten!** —gritó el director de pronto, haciéndolas regresar a la realidad, a ese anuncio publicitario que no acababa nunca.

»La damos por buena —añadió cuando nadie se lo esperaba.

Ana, la maquilladora, levantó el pulgar sonriente (y, probablemente, también aliviada) para felicitarlas, y las chicas se pusieron a dar botes y a alzar los brazos en el aire, contentas de haberlo conseguido. Cuando el alboroto se calmó, María se acercó a ellas para darles también la enhorabuena por el buen trabajo que habían realizado, muy profesional ella.

—Podéis marcharos cuando queráis.

Después se alejó para dar algunas directrices más a los chicos que controlaban al grupo de curiosos detrás de las vallas que limitaban el set de rodaje: ¡se había corrido la voz y ahora se contaban muchísimos! Lucía trató de divisar a la única persona que quería que estuviera allí entre toda esa gente, pero no veía ninguna cabeza rubia con el pelo medio largo que le resultara familiar.

—¿No ha venido? —preguntó Frida.

—Creo que no...

Eric no había aparecido en todo el rodaje, y eso que había tenido tiempo de sobra, porque llevaban allí toda la mañana. Había vuelto a decepcionarla, no se lo podía creer...

—Quizá se ha retrasado el avión.

—Me podría haber avisado —soltó Lucía, irritadísima.

Quizá no había ningún retraso, sino que había preferido quedarse con Mía despidiéndose, o desayunando o lo que fuera, como si no les hubiera bastado pasar tres semanas enteras juntos. Lucía apretó los puños sin dejar de observar al grupo de curiosos, esperando ver, todavía, a Eric entre ellos. Dicen que la esperanza es lo último que se pierde... Pero cuando encendió el móvil y leyó el único mensaje que Eric le había dejado, la esperanza se evaporó rápidamente:

Mia kiere vr 1 xposicion y tnms ke cogr l avion + tard. Sorry

Lucía resopló y apagó el teléfono, no quería saber nada más, estaba harta de excusas.

—¡Basta de malos rollos por culpa de los chicos! —exclamó Frida.

—Eso, ¡hay que celebrar lo bien que nos sienta nuestra ropa nueva! —Marta pasó las manos por sus vaqueros y su top Collister. Todas estuvieron de acuerdo: ¡les encantaban sus nuevas adquisiciones!

—Vamos, tía. —Raquel dio un empujón con el trasero a Lucía mientras Bea le besaba la mejilla y Susana le tiraba de la mano.

Tenían razón, no podía amargarse más por un chico, había que disfrutar de aquel día tan único.

Quedó con su madre en que ya se verían en casa por la tarde y se despidió de aquella panda de locos alejándose. Estaban saltando las vallas que las separaban de las docenas de espectadores cuando, de repente, un chico les estampó un micrófono delante y comenzó a hacer preguntas. Justo detrás de él, otro con una cámara las encuadraba a las seis.

—¡Sois las nuevas chicas Collister! ¿Cómo os llamáis? —preguntó el periodista, que llevaba un cartelito en el micrófono de BTV, la televisión de Barcelona.

Las chicas se miraron sin saber muy bien cómo reaccionar ni si les gustaba la etiqueta que el periodista les había puesto. Al ver que no respondían, el chico les explicó que aquella entrevista formaba parte de un reportaje que saldría en las noticias de esa noche. Así que se animaron y dieron sus nombres completos.

—¿Qué experiencia os ha marcado últimamente? —El periodista intentaba superponerse al ruido que provocaban todas aquellas personas que se apelmazaban tras las vallas y que hacían auténticas piruetas por meterse en el plano del cámara.

Las chicas se tomaron unos segundos para reflexionar: aquellas últimas semanas habían sido tan intensas que les costaba elegir. Al ver la cara angustiada del chico, probablemente harto de los empujones que le iban dando, fueron respondiendo una a una con bastante soltura.

—Pues yo, gracias al maquinista del metro Casimiro Sanjuán, he recuperado un violín muy valioso —anunció Bea adelantándose y sorprendiéndolas a todas con esa patada a su timidez; cada vez tenía más obstáculos superados.

Frida confesó su venganza en la playa con Nico; Marta habló de que acababa de coger un avión para estar con sus amigas; Raquel mencionó su *stage* en Londres y Susana habló del último CD que se había comprado. Cuando le llegó el turno a Lucía, respondió orgullosa:

—¡Yo he recuperado a todas mis amigas!

Dicho esto, el periodista y el cámara les dieron las gracias, y Lucía y las demás se alejaron de aquel espectáculo que no tenía mucho que ver con ellas, abrazadas con la seguridad de que habían sobrevivido no solo a ese mundillo de locos, sino a un verano lleno de cambios a pesar de todo.

Inicio Perfil Mensajes Gente Videos Buscar subir fotos

OS SUENA???

http://www.20minutos.es/noticia/2242624/0/Historia-amor-metro-Barcelona/

Un violín perdido reúne a un maquinista con su antiguo amor

Casimiro y Emilia se reencuentran gracias a una chica Collister.

4 ME GUSTA

LUCÍA: Nuestro Papa Noel!

BEA: Sgun l articulo, Emilia contacto cn gracias a nuestra ntrvista n BT

LUCÍA: OOOOOOhhh!!!!!!

MARTA: Al final l ems dvuelto l favor!

FRIDA: Urra por Casimiro y Emilia!

BEA: Love for ever!

LUCÍA: ZR4E!

27

Feliz cumple, princesita

El cartel que había dibujado y pintado Lucía daba la bienvenida a todo aquel que entrara en la casa de su padre y Lorena. Cada vez que sonaba el timbre, Aitana se removía nerviosa y corría a la puerta para tirar fuerte del pomo y abrir a su siguiente invitada. En la sala de estar había por lo menos diez niñas; como siguieran llegando no iba a quedar espacio ni para jugar a los dados. Aitana debía de haberse emocionado repartiendo invitaciones. Lucía observó a Lorena entrar y salir de la cocina con bandejas de sándwiches y una evidente cara de agobio. David había bajado al súper para comprar más refrescos, ya que ninguno de los dos había hecho demasiado bien las cuentas. Con tanto intentar satisfacer a Aitana, aquella fiesta de cumple se estaba descontrolando un poco. Lucía se acercó a Lorena y le cogió la última bandeja para llevarla a la mesa, recogió las que estaban vacías, las amontonó y las trasladó a la cocina.

—Siéntate, ya las relleno yo —se ofreció.

Lorena asintió agradecida, acariciándole la mano. Después la obedeció y se sentó junto a la mesa para vigilar que las niñas no rompieran alguna de sus mi-

nimuñequitas de colección que estaban distribuidas por las estanterías de la sala.

Lucía se quedó en la cocina, abrió otra bolsa de pan de molde y comenzó a untar paté, Nutella, mantequilla... También hizo algunos sándwiches de embutidos variados, aunque menos. Conocía bien los gustos de su hermana y sus amigas (ella todavía tenía los mismos...): donde hubiera una buena rebanada de Nutella que se fueran a tomar viento el jamón y el chorizo. Los cortó por la mitad y los colocó con mucha gracia formando flores en las bandejas, aunque estaba segura de que no durarían ni dos segundos en manos de esas monstruitos. Casi había terminado cuando notó una presencia a su espalda en la puerta de la cocina.

—Como sigamos así, habrá que ir a comprar también más pan... —le advirtió Lucía a su padre, que supuso que ya habría vuelto del súper.

—Si quieres bajo en un momento.

Se volvió en dirección a la voz inesperada.

—¿Qué haces aquí? —Sonaba de caverna total. Carraspeó para arreglarlo.

Seguía enfadada, y no se le iba a pasar tan fácilmente. Eric había estado llamándola y escribiéndole los últimos tres días, desde que se suponía que tenía que haber asistido al rodaje, pero ella no había tenido ganas de responder a una cosa ni a la otra, y lo había borrado todo para no dejar ni rastro de él en su móvil. Todavía no le había perdonado que decidiera quedarse con Mía en Italia viendo una exposición antes que convencer a sus padres para regresar a su hora a Barcelona. Pero allí estaba, parado frente a ella, mirándola con expresión preocupada; tenía las mejillas sonrojadas, los ojos clavados en el suelo. En las manos sostenía un paquete envuelto con papel de regalo infantil.

—Quiero hablar contigo, Lucía. Y como no coges el teléfono...

—Si no lo cojo será porque no quiero hablar contigo, ¿no? —Lucía le dio la espalda otra vez para volver a los sándwiches.

Cogió la bandeja y salió de allí para dejarla en la mesa junto a Lorena. No podía hacer esperar a los terremotos hambrientos... Aitana apareció a su lado tirándole del brazo.

—¡Lucía! ¡Mira qué Monster High me ha regalado Patricia! ¡Es Clawdeen Wolf y viene con tres trajes distintos!

Aitana la arrastró al rincón donde había ido acumulando los distintos regalos y Lucía se agachó para que se los enseñara uno a uno. No estaba del todo atenta, claro, sus ojos se desplazaban cada vez que podía hacia la cocina, donde Eric la miraba desde la puerta con la boca rígida y los brazos cruzados. Aunque empezaba a darle lástima, todavía no iba a dejarse convencer. Eric no se había portado nada bien, así que dejó que Aitana se explayara un rato más.

—¿Me escuchas o qué? —Aitana le cogía la cara con las manos.

—Sí, sí, es un juego para hacer joyas... —repitió lo último que había oído y continuó en la misma posición hasta que Aitana dio por terminada la charla: volvió a sonar el timbre y corrió hacia la puerta para abrir a su siguiente invitada.

Lucía se puso de pie y se dirigió a Eric.

—Todavía no le has dado tu regalo a la cumpleañera. —Lucía señaló el paquete que cargaba.

—No es para la cumpleañera.

Eric le entregó el regalo en silencio y ella lo abrió sorprendida, con cuidado de no romper el papel. Entonces recordó que le había dicho que había comprado algo en Italia para ella bastantes días atrás, antes de todos sus enfados... Era un marco muy bonito, de cristales de colores de Murano, y, dentro, había un collage de fotos de los dos juntos. Salían abrazados en la puerta del colegio, riéndose en el *burger*, manchándose la cara con restos de helado... Se lo quedó mirando sin saber qué decir.

—Gracias.

—De nada.

—Yo también tengo tu regalo de cumpleaños, pero no sé...

Lucía levantó la mirada y la dirigió a Eric por primera vez sin expresión severa. Aun así, no quería dejarse hipnotizar todavía por esos ojos verdes que tanto le gustaban.

—¿Por qué no viniste al rodaje? —preguntó al fin.

—Te lo dije, Mía quería ver una exposición y tuvimos que coger todos el avión ya por la tarde.

—Pero tú podías haber vuelto perfectamente con tus padres a la hora...

—Lo siento, de verdad... No pensé que estuviera haciendo nada malo. En el momento me pareció lo más lógico: viajábamos todos juntos. —Eric se colocó un mechón rubio detrás de la oreja con un gesto nervioso.

Lucía volvió a mirar el regalo que tenía entre las manos y resiguió las caras de las fotos con los dedos. Se lo pasaban tan bien cuando estaban los dos juntos que no entendía por qué habían tenido tantas discusiones ese verano. No todo era culpa de Eric... Debía reconocer que ella tampoco se había portado del todo bien; había cometido el error de dar cancha a Adri, aunque le había parado los pies a tiempo, claro, y también había reaccionado de forma exagerada movida por los celos provocando numerosos enfados injustificados con Eric.

—Lo siento —dijo Lucía al fin.

—Yo también.

Sin hacerse más preguntas ni reproches, Eric dio un paso hacia ella y le acarició la mejilla con la mano. Lucía miró hacia la sala de estar con ojos inquietos: Lorena seguía sentada frotándose la creciente barriga con las manos mientras Aitana y sus amigas se habían puesto a discutir sobre qué traje le sentaba mejor a la muñeca de Monster High que le habían regalado. Lucía se metió un poco más hacia el interior de la cocina, donde estaba el fregadero, cogiendo la mano de Eric para ocultarse de las miradas cotillas.

—¿Mejor aquí? —preguntó él sonriente, dejando ya atrás todos los malos rollos.

En cuanto Lucía asintió, Eric aproximó su boca a la de ella y la besó con suavidad, sin prisa. Se apartó un segundo y después volvió a hacerlo. Ahí estaban otra vez las mariposas en el estómago y el corazón desbocado. Lucía alargó los brazos para rodear la cintura de su chico.

—¿Lucía?

La voz de su padre resonó en la cocina de repente. Lucía se separó de Eric dándole un empujón para marcar distancia y notó perfectamente como su cara se volvía intensamente roja. Trató de cubrirse con la melena por si servía de algo para ocultar la terrible vergüenza que sentía en ese momento.

David la miraba con una expresión que se debatía entre el espanto y la furia. Seguía con las bolsas de la compra cargadas en sus manos, totalmente inmóvil.

—Hola, papá —le saludó ella, porque no sabía qué más hacer o decir.

David respiró hondo, como para tranquilizarse, y colocó las bebidas encima de la repisa pacientemente, pero sin decir nada. Un silencio muy muy incómodo se instaló en la cocina. Lucía miró a Eric encogiéndose de hombros; ¿qué hacían? Eric volvió a pasarse los mechones detrás de las orejas, se rascó la cara y, finalmente, se acercó a David valientemente. Lucía se llevó la mano a la boca para evitar que se le abriera de par en par.

—Hola, señor. Soy Eric. Encantado —dijo tendiéndole la mano.

David se quedó mirando esa mano, ceñudo. Tragó saliva y, al final, acabó aceptándosela con poco entusiasmo. ¡Viva su padre!

—¿Es tu... novio? —preguntó David a su hija pronunciando esa palabra como si sonara a algo espeluznante.

Lucía movió la cabeza afirmativamente y David asintió a su vez. Guardó en un cajón las bolsas de tela en las que había llevado las botellas de Fanta y Coca-Cola y después se dirigió a la sala. Dio un paso hacia fuera y al segundo dio marcha atrás para regresar a la cocina.

—¿Venís? Pronto sacaremos la tarta...

Lucía captó la mirada de ruego de su padre. Solo le faltaba ponerse de rodillas para acabar de convencerla.

—¡Claro! —se le adelantó Eric, que debía de estar todavía más incómodo que ella.

Lucía y su novio oficial salieron a la sala de estar preparados para pasar la primera tarde todos juntos en familia y dar a su hermana el mejor cumpleaños de todos. En cuanto terminara, sabía de sobra que le tocaría charla con su padre. Para eso sí que no estaba preparada...

MARTA:
As akbado tniendo tu ncuentro familiar ants ke yo!

LUCÍA:
ORRIBLEEEEE!!!!! 

FRIDA:
Ke a dixo tu padre?

LUCÍA:
MUY srio: pueds invitar a comr a Eric cuando kieras 

MARTA:
S lo a cntado a tu madr????

LUCÍA:
OF COURSE! M kria morir...

BEA:
Ke a dixo?

LUCÍA:
Ke lo kiere conocr!!!!!! 

FRIDA:
Pues ya sabs, comida familiar con tus dos familias y tu novio!

LUCÍA:
NI DE BROMAAA!!!!!! 

MARTA:
Eric ke dice?

BEA: 

LUCÍA:
Ke x l vale!

MARTA: 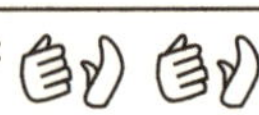

LUCÍA:
Xicos=mistErio!!!

BEA: 

FRIDA:
ZR4E!

28

Concierto para violín

Los aplausos invadieron el Liceo en cuanto Bea hubo acabado su interpretación. Se dirigió a los asistentes con el violín en la mano, después hizo un par de inclinaciones de cabeza para agradecer la acogida. Estaba sonriente y preciosa: había elegido una falda de tubo hasta la rodilla y un top de tirantes con encaje que la vestía de lo más elegante. Pero lo que más llamaba la atención eran sus pies: ¡se había puesto las zapatillas rojas y no quedaban nada mal!

Bea se apartó la melena castaña de la cara dejando bien a la vista sus ojos verdes, humedecidos de la emoción. Unos aplausos se sobreponían a otros, acompañados de algún silbido y grito de euforia. Inevitablemente, las miradas del público se orientaron en esa dirección: iban todos tan elegantes y estirados que aquel comportamiento, cuando menos, chocaba con el resto. Bea también dirigió su mirada a esa sección del público, haciendo auténticos esfuerzos para aguantar la risa: las chicas la saludaron agitadísimas. Su amiga había tocado como nunca, sin un solo error; había sonado de maravilla. Tres de ellas llevaban exactamente las mismas zapatillas que la protagonista de esa ovación, ¡y eso que no se habían puesto de acuerdo en ningún momento!

Tras Bea tocaron dos pianos y una flauta travesera, pero nadie consiguió el fervor que había obtenido ella, que en cuanto acabó el concierto se reunió con sus amigas en una sala adyacente en la que habían preparado un pica-pica pa-ra los invitados.

—¡Has sido la mejor! —vociferó Lucía nada más verla aparecer.

Las demás la siguieron en sus halagos.

—¿Cómo lo haces? ¡Si son cuatro cuerdas y un palo! —El comentario de Raquel les hizo reír a todas.

Bea se sonrojaba ante las adulaciones, pero se

la veía muy feliz. Su familia se acercó también para darle la enhorabuena.

—Con todo lo que ha ensayado la pobre... —reconoció Paloma, acariciándole la cabeza para aplastar un pelo rebelde en uno de esos gestos que tienen las madres a veces, que más que acicalarte te avergüenzan.

—Menos mal que yo no estaba, si no me hubiera vuelto loco con tanto repetir la misma cancioncita... —La voz de Marcos resonó entre todas las demás. Frida hizo lo posible por no parecer ansiosa o nerviosa, sonrió levemente y no respondió a la gracia. Lucía reseguía todo el proceso de su amiga, que desde que había descubierto a lo lejos durante el concierto que Marcos estaba allí, no había parado de removerse inquieta en la butaca. Lucía había tenido que darle varios golpes en la rodilla para que se estuviera quieta: ¡la estaba poniendo nerviosa a ella!

—¿Qué tal ha ido el verano, chicas? —preguntó Marcos revolviéndose el pelo de punta.

Las chicas fueron respondiendo brevemente con pequeños comentarios sobre lo movido que había sido ese último mes: ¡si le tenían que contar todo no acabarían ni para la cena! Frida se esforzaba en comportarse como las demás, con total naturalidad. Los padres de Bea se alejaron para saludar a los padres de los demás alumnos del Liceo y también a los profesores.

—¿Y el tuyo? —le preguntó entonces Frida.

—No me puedo quejar. Aunque Londres ha sido un poco tostón, la verdad.

—Seguro que en la universidad te lo pasarás mejor —respondió Frida con indiferencia.

—No sé yo. Ya sabes que voy a la privada, y con tanto pijo...

—Pues como tú, ¿no?

Marcos estalló en una carcajada y le dio un codazo a Frida, que comenzó a reírse también. Empezaron entonces a charlar tranquilamente y sin asperezas. A Frida le había hecho falta una broma para recordar que con Marcos podía hablar sin tensiones; ya lo había superado. Lucía y las demás los dejaron de lado para conversar entre ellas.

—Seguro que a Aitor le hubiera gustado venir —soltó Susana.

—¿Tú crees? —Los ojos de Bea se abrían de par en par.

Bea no lo había invitado para no parecer pesada. Susana le echó la bronca por no consultárselo antes: en ese momento podría tener a su «pichoncito» (pronunciado con tono guasón) a su lado felicitándola por lo bien que había tocado su pieza de no sé quién. Bea se sonrojó y prometió invitar a Aitor a la próxima audición.

—¡Otra vez será! Lo importante es que hoy estamos aquí todas juntas... ¡Cómo me alegro de haber venido, chicas! —exclamó Marta con una sonrisa que le abarcaba toda la cara.

—Creo que todas hemos aprendido una lección este verano. — Frida se unió a la conversación después de que Paloma, la madre de Bea, llamara a Marcos para presentarle a un profesor de la que sería su universidad en pocos días.

Frida cogió un cucharón y lo hundió en el enorme recipiente de cristal que contenía el ponche que habían preparado para los alumnos e invitados a ese concierto del final del verano. Fue sirviendo una copa de plástico tras otra hasta rellenar las seis que necesitaba. Cada chica cogió la suya y la alzó en el aire.

—Ningún chico debe estar por encima de ninguna amiga —concluyó Lucía.

—¡Por nosotras! —exclamó Marta entrechocando su copa de plástico contra las de sus amigas, que la imitaron derramando parte del contenido por la mesa.

Y con esa promesa sellaron el verano que, tras tantos brincos, había acabado reuniéndolas otra vez a todas. Pronto empezaría el curso nuevo, segundo de ESO, nada menos... Esperaban estar preparadas para lo que quedara por venir.